Lago Maggiore

Iris Kürschner

Karten-Legende auf den Umschlagklappen

Wanderführer

Impressum

© 2013 KOMPASS-Karten, A-6020 Innsbruck (13.01)

1. Auflage 2013   Verlagsnummer 5936   ISBN 978-3-85026-835-6

Text und Fotos (soweit nicht anders angegeben): Iris Kürschner

Titelbild: Immer wieder öffnet sich der Wald, wie hier im Valle di Niv.
Bild S. 4/5: Weitblick vom Balladrum, einem keltischen Kulthügel über Ascona.

Grafische Herstellung: wt-BuchTeam, Garching a.d.Alz
Wanderkartenausschnitte: © KOMPASS-Karten GmbH

Alle Angaben und Routenbeschreibungen wurden nach bestem Wissen gemäß unserer derzeitigen Informationslage gemacht. Die Wanderungen wurden sehr sorgfältig ausgewählt und beschrieben, Schwierigkeiten werden im Text kurz angegeben. Es können jedoch Änderungen an Wegen und im aktuellen Naturzustand eintreten. Wanderer und alle Kartenbenützer müssen darauf achten, dass aufgrund ständiger Veränderungen die Wegzustände bezüglich Begehbarkeit sich nicht mit den Angaben in der Karte decken müssen. Bei der großen Fülle des bearbeiteten Materials sind daher vereinzelte Fehler und Unstimmigkeiten nicht vermeidbar. Die Verwendung dieses Führers erfolgt ausschließlich auf eigenes Risiko und auf eigene Gefahr, somit eigenverantwortlich. Eine Haftung für etwaige Unfälle oder Schäden jeder Art wird daher nicht übernommen. Für Berichtigungen und Verbesserungsvorschläge ist die Redaktion stets dankbar. Korrekturhinweise bitte an folgende Anschrift:

Walter Theil, Nikolausstraße 8, D-84518 Garching a.d.Alz
Tel.: 0049/(0)8634/689803, Fax: 0049/(0)8634/689804
info@wt-buchteam.de, www.wt-buchteam.de

KOMPASS-Karten GmbH, Karl-Kapferer-Straße 5, A-6020 Innsbruck
Tel.: 0043/(0)512/2655610, Fax: 0043/(0)512/2655618
kompass@kompass.at, www.kompass.at

Lago Maggiore | Inhalt

Inhalt

	Seite	Schwierigkeitsgrad	Gehzeit (in Stunden)
Das Gebiet	8		
Unsere schönsten Touren	10		
1 Sassariente	12	●	3:30
2 Grüner Bummel durch Locarno	16	●	2:45
3 Cimetta – Monti di Lego – Madonna del Sasso	20	●	3:30
4 Alpe Nimi	24	●	7:30
5 Maggia – Flusswanderung	28	●	4:30
6 Rasa – Intragna	32	●	2
7 Monte Verità – Calzo	36	●	5:15
8 Monte Gridone	40	●	6:20
9 Monte Giove	44	●	4:15
10 Pian Cavallone	48	●	4:45
11 Monte Zeda	52	●	4:45
12 Cima Sasso	56	●	8
13 Pizzo Proman	60	●	9
14 Mottarone – Monte Zuchero	66	●	2:15
15 Monte Covreto	70	●	3
16 Höhenweg über der Riviera del Gambarogno	74	●	5:30
17 San Nazzaro – Monte Tamaro	80	●	13

Service und praktische Hinweise	86
Orte und Sehenswürdigkeiten	88
Index	96

Länge (in Kilometern)	Höhenmeter Aufstieg	Höhenmeter Abstieg	Parkplatz	öffentliche Verkehrsmittel	Aufstiegshilfe	Abstiegshilfe	Einkehr	Übernachtung unterwegs	Gipfel	Schwindelfreiheit erforderlich	Kinderwagentauglich	Kinderfreundlich	Fahrradtauglich	kulturelle Highlights	Bademöglichkeit	mit Panoramablick	Rundtour
8	700	700	●	–	–	–	●	–	●	●	–	–	–	–	–	●	●
9	240	240	●	●	–	–	●	●	●	–	●	●	●	●	–	●	●
11,5	40	1300	●	●	●	–	●	●	●	–	–	–	●	–	●	●	●
13,5	1375	0	●	●	–	–	●	–	●	–	–	–	–	●	–	●	●
12,5	70	135	●	●	●	●	●	–	●	–	●	●	●	–	●	–	–
5	600	40	–	●	●	●	●	–	●	–	–	●	–	–	●	●	–
11	763	763	●	–	–	–	●	–	●	–	–	–	–	–	–	●	●
12	1150	1150	●	–	–	–	●	●	●	●	–	–	–	–	–	●	●
9,5	850	850	●	–	–	–	●	–	●	–	–	–	–	●	–	●	●
12,5	500	500	●	–	–	–	●	–	●	–	–	●	–	–	–	●	●
10,8	790	790	●	–	–	–	●	–	●	–	–	–	–	●	–	●	●
15	1420	1420	●	–	–	–	●	–	●	–	–	–	–	–	–	●	●
18	1520	1520	●	–	–	–	●	–	●	●	–	–	–	●	–	●	●
6,5	366	366	●	●	●	●	●	–	●	–	–	●	–	●	–	●	●
8	414	414	●	●	–	–	●	–	●	–	–	●	–	●	–	●	●
14	722	708	●	●	–	–	●	–	●	–	–	–	–	●	●	●	–
28	2587	1257	●	●	–	–	●	●	●	–	–	–	●	–	●	●	–

● Schwierigkeitsgrad   ● Ja   o Bedingt   – Nein

Blick von der Alpe Nimi.

Das Gebiet

Vielseitiger könnte eine Landschaft nicht sein. Raues Gebirge und subtropische Üppigkeit, Badespaß, Kulturbummeln und Aussichtswandern vereinen sich am Lago Maggiore zu einem Feriengedicht. Trotz Massentourismus bleiben genügend Nischen für den stillen Genuss.

Wie eine Schlange windet sich der Lago Maggiore durch das italienischen Voralpenland an die Tessiner Berge. Der eingedeutschte Name Langensee wird nur selten verwendet, doch dem alten lateinischen Namen Lacus Verbanus zu Grunde liegend, nennen die Italiener den See auch schlicht Verbano. Er ist nach dem Gardasee der größte der italienischen Seen, 66 Kilometer lang, zwischen 2 Kilometer (bei Arona) und 12 Kilometer (bei Baveno) breit, 212,5 Quadratkilometer groß und bis zu 372 Meter tief. Doch ganz italienisch ist er nicht, das nördliche Fünftel gehört zum Schweizer Kanton Tessin (Ticino). Das Ostufer zählt zur lombardischen Provinz Varese, das Westufer zu den piemontesischen Provinzen Verbano–Cusio–Ossola sowie weiter südlich Novara.

Hauptzufluss ist der Ticino, der einem ganzen Kanton auch seinen Namen gab. Sein Mündungsdelta am Nordzipfel, die Bolle di Magadino, ist eine artenreiche Naturschutzzone. Bei Sesto Calende am Südzipfel entwässert der Ticino in den Po. Der andere wichtige Zufluss nur wenig westlich ist die Maggia, die eine Menge Geschiebe mit sich führt und sie weit in den See ausladendes Delta gebildet hat. Dort machen sich Locarno und Ascona breit. Das sandig-lehmige Schwemmland, dass sich weiter in den See frisst, ist idealer Nährboden für Reis. Seit 1997 wird hier der Riso Nostrano Ticinese erfolgreich angebaut und hat sich als lokale Spezialität etabliert.

Gewaltige Gletscher formten einst die Landschaft. Am Ende der letzten Eiszeit vor rund 10.000 Jahren schmolzen sie, wurden nach Sü-

Isola Bella, die schönste der drei Borromäischen Inseln.

Aufregende Szenerien bieten sich am Monte Gridone (Tour 8).

den geschoben. Der vom Schmelzwasser transportierte Gesteinsschutt baute sich zu Moränenhügeln auf, die wie Staudämme wirkten und es zur Bildung von Seen kam. Ein Wunderwerk der Natur, das im Zuge des aufkommenden Tourismus vor allem von Literaten und Poeten in den schwärmerischsten Tönen umschrieben und in die Welt getragen wurde. Adelige und Betuchte kamen, bauten sich prunkvolle Villen, Schlösser und legten Gärten an, die bis heute eine Wonne zum durchwandeln sind.

Was man möglicherweise für einheimische Vegetation hält, stammt aus aller Herren Länder. Aus Arabien die Zitrone, aus Asien Rhododendren, Magnolien, Azaleen und Kamelien, aus Mexico die Agaven, aus der Türkei der Kirschlorbeer, Baumfarn aus Australien, Wasserlilien aus Brasilien, Palmen und Bananen aus den Tropen ... Selbst die Kastanie wurde eingeführt. Von den Römern.

Die exotischen Mitbringsel hätten nichts genützt, wären die Pflanzen nicht auf Idealbedingungen gestoßen: der See als Wärmespeicher, die Alpen als Schutzmauer vor kalten Luftmassen. Das sogenannte insubrische (Insubrien: in der Antike besiedelten die Insubrer, ein Keltenstamm, die Region) Klima zeichnet sich durch milde Temperaturen und starke Regenfälle aus, teilweise in monsunähnlicher Heftigkeit, was nicht selten für Schlagzeilen (Murenabgänge und Überschwemmungen) sorgt. Meist ist der Schaden schnell behoben.

Bereits zu Ostern lassen sich am Lago Maggiore die ersten Wandertouren unternehmen, in Ufernähe sogar ganzjährig. Während die obere Hälfte des Sees von steilen Bergen eingerahmt ist, die einmalige Aussichtsgipfel hergeben, bietet sich der untere, oft von waldigen Hügeln gesäumte Teil weniger als Wanderland an. Dort lohnt eher ein Bummel durch die Dörfer, ein Bad, eine Bootsfahrt.

Unsere schönsten Touren

Mediterranes Idyll auf den Brissago-Inseln.

Gebietseinteilung und besondere Tipps:

So gut wie alle Wanderwege sind gut beschildert, so dass es keine Orientierungsschwierigkeiten geben sollte.

Nicht alle Routen bieten Einkehrmöglichkeiten unterwegs. In der Regel sollte man immer eine Vesper, Energieriegel und vor allem eine volle Trinkwasserflasche in seinem Rucksack mitführen.

Abgesehen vom Bummel durch Locarno (Tour 2) sind gut eingelaufene Wanderschuhe mit rutschfester Profilsohle das A und O einer genussreichen Tour. Auch eine regen- und windfeste Jacke.

Vom Gelände diktiert sind steilere Abschnitte keine Seltenheit, etwas Kondition ist daher von Vorteil.

Wandern mit Seeblick hat großen Reiz, umso mehr, wenn man viele Ausgangspunkte mit dem Schiff ansteuern kann. Die Autorin hat für Sie die Touren mit den schönsten Seeblicken herausgefunden, von gemütlich bis hochalpin. Ausnahme macht ein Schwenk ins Maggiatal, wo für einmal nicht der See, jedoch die Nähe des Wassers im Vordergrund steht. Abenteuerliche Hängebrücken führen dort über den Fluss und es finden sich jede Menge idyllischer Badeplätze. Eine Wanderung, die vor allem auch Kindern großen Spaß macht (Tour 5).

Sie finden Anregungen zu diversen Mehrtagestouren, wo sich fern von der sommerlichen Hektik der Uferzone die beste Gelegenheit bietet, wirklich zu entspannen und vom Alltag zu lösen. Auch die Übernachtung in einer Selbstversorgerhütte kann da Wunder wirken, wie beispielsweise bei Tour 6, 11, 13 und 15.

Ascona, das „Montmartre" am Lago Maggiore.

1. Sassariente

Steiler Zahn mit Seeblick über der Magadino-Ebene

Ausgangspunkt: Monti di Motti, 1067 m. Zufahrt über haarsträubend viele Haarnadelkurven von Cugnasco (223 m, Dorf am nördlichen Rand der Magadino-Ebene, ca. 11 km vor Locarno) aus in 12 km | **Charakter:** Überwiegend schattige Bergwanderung auf guten Wegen. Nur der Zustieg zum Gipfel bedarf bester Trittsicherheit und Schwindelfreiheit. Er ist klettersteigähnlich eingerichtet (Leiter, Eisentritte) und man kann sich an Seilen festhalten. Achtung, bei Nässe rutschig! | **Einkehr:** Grotto Monti di Motti, 1067 m | **Karte:** KOMPASS Nr. 110

GPS-Koordinaten/Ausgangspunkt: UTM = x: 489.830 m   Zone 32 = y: 5.115.950 m

 Schwer   8 km   700 hm / 700 hm   3:30 Std.

Wer von Bellinzona durch die Magadino-Ebene gegen Süden rauscht, sieht ihn hoch oben in der Sonne weiß glänzen: den Granitzahn der Sassariente. Er bietet eine der schönsten Aussichten und ist von den per Auto zugänglichen Monti di Motti mit verhältnismäßig kurzem Zustieg gesegnet. Zudem bietet das Grotto vor Ort einen feinen Ausklang mit Verkostung des „Sassariente" in Merlotform.

Vom **Grotto Monti di Motti**, 1067 m, folgen wir dem Teersträßchen bergwärts in den Wald. Nach etwa anderthalb Kilometern allmählicher Steigung zweigt in einer scharfen Linkskurve ein schmaler Waldpfad gegen Norden ab. Nun geht es steiler in Serpentinen durch Mischwald. Der Weg zieht unterhalb einiger Rustici vorbei und macht dann eine lange Linksquerung. Es folgt eine lange Rechtsquerung, dann etwas steiler hinauf zur **Alpe di Foppiana**, 1495 m. An einer Weggabelung am Waldrand halten wir uns links. Nun ändert sich die Landschaft, wird alpiner, Laubbäume gehen in Nadelwald über. Am Rande des kleinen Wiesenplateaus wandern wir gegen Osten wieder in den Wald. Steil zickzackt die Route durch einen wei-

🛈 KOMPASS INFO

Anstatt den gleichen Weg zurück zu nehmen, lässt sich auch eine schöne Runde über die **Monti della Gana** und die **Monti di Gola Secca** schlagen, 1 Std. zusätzlich. Dazu steigt man zurück in die Scharte und dann nicht links, sondern rechts weiter.

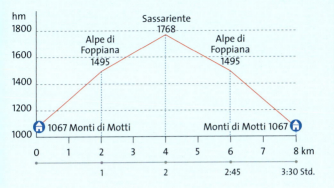

nig schönen, durch Rodung stark in Mitleidenschaft gezogenen Hang auf den grasigen Westkamm mit schönem Ausblick ins Verzascatal. Hinter einer Steinmauer tauchen wir nochmals in dichten Nadelwald ein. Nicht wundern, an einer kleinen Scharte senkt sich der Weg, doch nur ein kurzes Stück, dann taucht schon das erste Seil auf und im Bogen geht es wieder aufwärts zu einer ersten Leiter. Dicke Seile und Eisentritte helfen über Steilstufen und gerippten Fels. Und dann steht man ganz plötzlich auf dem Gipfel des **Sassariente**, 1768 m, mit großem Eisenkreuz und Sitzbank. Traumhaft der Blick. Wie man sich auch dreht und wendet, endlose Bergketten bis zum Horizont. Das Tessin liegt zu Füssen, heraus glitzert der Lago Maggiore. Besonders schön ist die Stimmung natürlich zum Sonnenauf- und -untergang. Auf gleicher Route wandern wir zurück zum Ausgangspunkt.

Blick zum Sassariente auf der Anfahrt.

Lago Maggiore | 1. Sassariente

2. Grüner Bummel durch Locarno

Seepromenade und verwunschene Wege

Ausgangspunkt: Locarno Schifflände, 198 m, nur wenige Minuten vom Bahnhof | **Charakter:** Halbtagestour mit viel Panorama und lauschigen Nischen, zum großen Teil Teerbelag. Bademöglichkeiten im ersten Part. | **Einkehr:** Diverse Restaurants an der Seepromenade, Osteria Svanesc in Brione sowie ein Aussichtsrestaurant an der Wallfahrtskirche Madonna del Sasso | **Karte:** Stadtplan

GPS-Koordinaten/Ausgangspunkt: UTM = x: 484.630 Zone 32 = y: 5.112.980 m

 Leicht   9 km   240 hm / 240 hm   2:45 Std.

Von der Schiffsanlegestelle Locarno schlendern wir die Seepromenade entlang Richtung **Minusio**. Zuerst durch eine schöne Parkanlage, dann wird der begrünte Ufersaum schmäler. Hinter dem Ruderclub locken Sonnenwiese und Badestrand. Das Hinweisschild zur Kirche San Quirico sollte man nicht links liegen lassen, ein lohnender, kurzer Abstecher zum Gotteshaus mit romanischem Wachturm (13.–15. Jh.). Daneben ein schöner Sitzplatz unter Weinpergola sowie der Parco Villa, ein intimer öffentlicher Garten mit Seeblick. Zurück an der Seepromenade passiert man die Wehranlage Cà di Ferro, die an die Zeit der Reisläufer (Schweizer Söldner) im 16. Jahrhundert erinnert. Hier locken auch Sonnenwiese und Badestrand. Beim Restaurant Giardino Lago biegen wir links in den **Sentiero Torrente Navegna**. Bald steigt man über Treppen zu einer Querstraße. Es geht links über die Brücke, dann sofort rechts wieder dem Bach entlang. Sein melodisches Rauschen übertönt sämtliche Verkehrsgeräusche. Mehrmals wird der Bach überquert. Üppig mit Palmen, Bambus, Holunder

 KOMPASS INFO

Festivaltown
Die Piazza Grande in Locarno ist alljährlich im Juli Schauplatz des Musikfestivals „Moon and Stars", sowie im August des Internationalen Filmfestivals. Eine besondere Attraktion ist auch die einmal jährlich im Mai stattfindende Notte Bianca (Freinacht), bei der Geschäfte und Museen bis in die frühen Morgenstunden geöffnet sind und überall Freiluftbühnen Konzerte und Unterhaltung darbieten (www.nottebiancalocarno.ch).

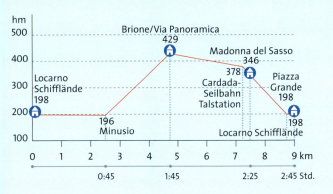

und Haselnussbüschen sind seine Ufer bewachsen. Schließlich zieht der Weg zur Via Mondacce hinauf. Wir folgen dieser ein paar Meter nach rechts und biegen links in einen unscheinbaren, jedoch markierten Treppenweg, den **Sentiero Liscee**. Der Pfad klettert hinter dem Hotel Esplanade in den Wald. An einem Gartentor jedoch nicht weiter den Treppen nach, sondern links der Höhenlinie entlang (hier

Verwunschene Winkel begleiten die Seepromenade von Locarno.

Lago Maggiore | 2. Grüner Bummel durch Locarno

Blick von der Via Panoramica. Am Ufer sticht die Kirche San Quirico von Muralto ins Auge.

fehlen Markierungen) durch den tropisch anmutenden Urwald des Parco Esplanade. An einer Weggabelung mit Bank halten wir uns rechts bergwärts. Dann taucht ein Wegschild auf und wir folgen rechts weiter dem Sentiero Liscee, der im Villenviertel endet. Die Straße rechts hoch stoßen wir auf die Querstraße Via Albaredo, die uns nach links flach zur Via Brione leitet. Nun wieder bergwärts an der Bushaltestelle Albaredo (Linie 2) vorbei, dann nach der Osteria Svanesc (Panoramaterrasse) links in die **Via Panoramica**. Diese wird nach dem letzten Haus zum Pfad, der einen Bachgraben überwindet. Danach ist es die Via Caselle, die der Höhenlinie folgt. Am Park von Orselina vorbei, dann noch ein kurzes Stück entlang der Via Santuario bis fast zur Talstation der **Cardada-Seilbahn** und man steht über der beeindruckenden Wallfahrtskirche **Madonna del Sasso**. Ein Kreuzweg führt hinunter in die Altstadt. Wenn man sich nach der Via al Sasso rechts hält, erreicht man durch die Via Torretta die mit stattlichen Patrizierhäusern umstellte **Piazza Grande**. Hier wird auch jeden Donnerstag Markt (9 – 17 Uhr) abgehalten. Zurück zur Schifflände geht's dem Largo Zorzi entlang, wo sich rechter Hand auch das Tourismusbüro befindet.

⭐ KOMPASS HIGHLIGHT

Madonna del Sasso
Wahrzeichen der Stadt und berühmteste Wallfahrtskirche des Tessin – erhaben thront sie auf einem Felsen über Locarno, dort, wo einst dem Franziskaner Bartolomeo d'Ivrea im August 1480 die Mutter Gottes erschien. Der heutige Kirchenkomplex, der bis auf das 16. Jahrhundert zurückgeht, hat immer wieder Umgestaltungen erfahren. Die Fassade im Stil der Neurenaissance beispielsweise stammt aus dem 19. Jahrhundert. Eine der Hauptsehenswürdigkeiten der reichhaltigen Innenausstattung ist das Altarbild von Bramantino: „Flucht aus Ägypten" (um 1520). Jedes Jahr am 1. September wird das Fest der Madonna del Sasso gefeiert.

3. Cimetta – Monti di Lego – Madonna del Sasso

Unterwegs am Hausberg Locarnos

Ausgangspunkt: Bergstation Cimetta, 1650 m. Zufahrt von Orselina/Madonna del Sasso per Gondel bis Cardada, dann Sessellift. | **Charakter:** Ausgedehnte Panoramatour über im oberen Bereich steinige Wege. Ein Wechsel aus steilen Abstiegen und bequemen Höhenwegen. | **Einkehr:** Bergstation Cardada und Cimetta, Alpe Cardada: Capanna Lo Stallone, Grotto Monti di Lego, Val Resa: Al Grott Café (empfohlen von Slow Food, Mo/Di geschl.), Ritrovo La Mondanina oberhalb Brione (Mo/Di geschl.). | **Karte:** KOMPASS Nr. 110

GPS-Koordinaten/Ausgangspunkt: UTM = x: 483.770 m   Zone 32 = y: 5.116.390 m

 Leicht   11,5 km    40 hm 1300 hm   3:30 Std.

Von der Bergstation **Cimetta** dauert es nur noch ein paar Minuten, bis der Gipfel erreicht ist. Bei klarem Wetter bietet sich ein traumhafter Rundblick vom tiefsten Punkt der Schweiz, dem Maggia-Delta mit Locarno und Ascona, bis zum höchsten Punkt der Schweiz, dem Monte Rosa Massiv. Die Aussichtsplattform ist zugleich geologische Beobachtungsstation. Informationstafeln erläutern die Insubirische Linie (Periadriatische Naht), die nördlich des Lago Maggiore verläuft, wo einst die europäische und afrikanische Kontinentalplatte während der Alpenbildung aufeinander stießen. Demonstriert werden auch die unterschiedlichen Gesteinsarten, die diese Linie trennt. Vom Gipfel steigen wir wieder zur Bergstation ab und folgen dem Wanderweg zur südöstlich liegenden **Alpe Cardada**, wo überm Open-Air-Feuer schon die Polenta des „Lo Stallone" brodelt und auf der Wiese verteilte Sitzgruppen zur Rast einladen.

🛈 KOMPASS INFO

Von der Bergstation der Seilbahn Orselina-Cardada lohnt sich der kurze Abstecher zur „**Passerelle**", ein Steg, der zu einer über den Baumwipfeln schwebenden Aussichtsplattform führt und spektakuläres Panorama bietet: zum See, ins Centovalli („Tal der hundert Täler") und über einen Teil des Maggiatals.

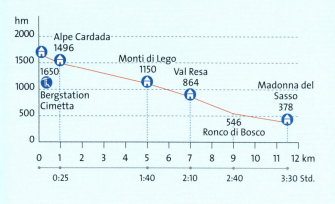

Gleich von der Hütte geht es links in den Wald runter (auch MTB-Strecke) an einer Quelle vorbei zu einer Weggabelung, wo wir links Richtung Alpe di Lego einbiegen. Nun mehr oder weniger der Höhenli-

Auf dem Gipfel der Cimetta.

Lago Maggiore | 3. Cimetta – Monti di Lego – Madonna del Sasso

Rustikale Einkehr im Grotto Monti di Lego.

nie entlang bis zu einem Steinhaus und links weiter bis zum Grotto **Monti di Lego**, einem lauschigen Platz und von der Kapelle mit grandiosem Lago-Maggiore-Blick gesegnet. Eine Mulattiera führt uns westlich hinunter ins **Val Resa**. Vorbei am Al Grott Café folgen wir ein Stück der Straße abwärts und biegen an der nächsten Linkskurve rechts in den Wanderweg Richtung Viona/Brione. Am Wegschild Sira, 780 m, halten wir uns links. Es geht steil durch den Wald runter zu einem querlaufenden Weg, in den rechts eingeschlagen wird. Vorbei am Wegschild Orècc, 722 m, erreicht man ein Sträßchen. Diesem rechts nach und abwärts, bis der Wanderweg in einer Linkskurve rechts abgeht. Der Höhenlinie entlang passieren wir bei **Ronco di Bosco**, 546 m, das Grotto Ritrovo la Mondanina und gelangen schließlich zu den obersten Häusern von Orselina und zur Via Eco. Kurz links, dann rechts steigen wir über die Scalinata, einen Treppenweg zur **Madonna del Sasso** bzw. Talstation der Gondelbahn ab.

⊛ KOMPASS HIGHLIGHT

Die Cimetta ist Ausgangs- oder Endpunkt der **Via Alta della Valle Maggia**, einer im Sommer 2010 eröffneten grandiosen Höhenroute über den Kamm zwischen Maggia- und Verzascatal. Übernachtet wird in ehemaligen, zur Wanderherberge umgebauten Alphütten. Für die anspruchsvolle 6-Tages-Tour bis nach Fusio benötigt es Trittsicherheit, Schwindelfreiheit und gute Kondition. Im Fall eines Schlechtwettereinbruchs kann von jeder Hütte ins Tal abgestiegen werden. Bei Vallemaggia-Tourismus gibt es ein kostenloses Faltblatt zur Tour. Sehr empfehlenswert ist das Buch „Via Alta della Valle Maggia", von Roberto Buzzini und Bruno Donati, Verlag Edizioni A2, erhältlich bei: bodesign@bluewin.ch

4. Alpe Nimi

Zum Ziegenpeter und seiner Aussichtsloge

Ausgangspunkt: Gordevio, 343 m, Zufahrt von Locarno über Ponte Brolla ins Maggiatal. Parkplatz an der Kirche des Ortsteils Brié oder zwischen Brié und Villa. | **Charakter:** Steiler Treppenweg, jedoch wildromantisch, unter knorrigen, mehrere 100 Jahre alten Kastanienbäumen, auf malerischen Steinbrücken und verlockenden Badebecken, über aussichtsreiche Maiensäße bis in die alpine Etage | **Einkehr:** Restaurants in Gordevio, Alpe Nimi | **Karte:** KOMPASS Nr. 110

GPS-Koordinaten/Ausgangspunkt: UTM = x: 480.360 m Zone 32 = y: 5.119.490 m

 Mittel   13,5 km    1375 hm / 0 hm   7:30 Std.

Gordevio hat zwei Ortsteile, das etwas höher gelegene Villa und das nördlich davon gelegene Brié. In letzterem parken wir bei der Kirche. Am Brunnen lenkt uns der Wegweiser über die hübsche Steinbrücke und dann steil bergwärts im Schatten uralter Kastanienbäume nach **Archeggio**. Oberhalb der Alpsiedlung gabelt sich der Weg. Wir schlagen links ein, steigen stetig auf. Der Treppenweg zieht dann über eine fotogene Steinbrücke, wo ein Badebecken zur Abkühlung verlockt. Nach weiteren Höhenmetern führt der Weg direkt durch die Capellona, eine kleine Kapelle. An der Weggabelung bei **Malai** wandern wir rechts weiter und kommen zum Maiensäß **Brunescio**. An Ferienhäusern und Alphütten vorbei wieder in den Wald und an einer Wegverzweigung links. Das letzte Stück ist flacher, die Waldgrenze bleibt zurück, wir queren nördlich über offene Hänge zur **Alpe Nimi**, deren Hütten mit der Felslandschaft zu verschmelzen scheinen. Einst haben 11 Familien die Alp bewirtschaftet, dann nur noch Gioachino Zanoli. Als dieser mit 78 nicht mehr woll-

⭐ KOMPASS HIGHLIGHT

Der absolute Hit ist die **Open-Air-Badewanne** der Alpe Nimi. Klirrend kalt das Wasser, aber nach dem schweißtreibenden Aufstieg genau die richtige Erfrischung. Wo lässt sich schon baden mit Lago-Maggiore- und Monte-Rosa-Blick. Das ist einzigartig. Auch, wenn die Wollsäue die Klamotten klauen wollen. Meist aber liegen sie in ihren selbstgegrabenen Pools und grunzen zufrieden.

te, gab Neffe Pietro seine Karriere auf und übernahm die Ziegenalp. Damit nicht alles verkommt, wie er sagt. Immer mehr Bauern wandern ab. Im Sommer 2005 wurde Pietro Zanoli mit dem Prix Wilderness ausgezeichnet für sein Engagement, ein Stück Kulturlandschaft zu erhalten. Mit an die 160 Ziegen gibt's eine Menge zu tun, täglich werden sie von Hand gemolken und nachmittags kann man Pietro beim Käsen über die Schulter schauen.

Eine Übernachtung kann nur wärmstens empfohlen werden, auch wenn sie sehr einfach ist,

Die schönste Badewanne der Alpen mit Lago-Maggiore-Blick.

Lago Maggiore | 4. Alpe Nimi

vielleicht auch gerade deswegen, um sich den Luxus, in dem wir leben wieder bewusst zu machen. Wie dem auch sei, ein Abstieg am gleichen Tag wäre auch für Trainierte eine Strapaze. Einmalig sind die Morgenstimmungen mit See und den Walliser Viertausendern.

Für den Rückweg kann eine andere Route gewählt werden. Dazu schlägt man von der Alpe Nimi westwärts in den aussichtsreichen Höhenweg ein. Der Pfad ist abschnittsweise etwas ausgesetzt, eine heikle Stelle ist mit Drahtseil gesichert. An den Hütten von **Aiarlo** biegen wir links ab. Der Pfad ist gut markiert, aber teilweise etwas zugewachsen und führt mal querend, mal steil abwärts zur Alpsiedlung **Mella**. Östlich der Häuser senkt sich der Pfad zum Bach, mit seinen herrlichen Badebecken ein schöner Pausenplatz. Jenseits der Brücke queren wir zur Weggabelung bei Malai und wandern auf schon bekanntem Weg zurück zum Ausgangspunkt.

ℹ KOMPASS INFO

Von der Alpe Nimi bietet sich eine traumhafte Panoramatour auf der **Via Alta Vallemaggia** zur Cimetta, dem Hausberg Locarnos, an. Auch wenn man sich dadurch den steilen Abstieg erspart, ist es eine anspruchsvolle Wanderung mit einigen Auf und Abs. Wahlweise kann eine alpine Route direkt über den Grat oder eine etwas leichtere, tiefer gelegenere über die Alpe di Vallaa genommen werden. Mit etwa 6 Std. reiner Gehzeit muss man rechnen. Vom Gipfel der Cimetta dann mit Sessel- und Seilbahn hinunter nach Locarno und per Bus zurück zum Ausgangspunkt.

5. Maggia – Flusswanderung
Von Hängebrücke zu Hängebrücke

Ausgangspunkt: Someo, 378 m, im vorderen Maggiatal. Vom Endpunkt Gordevio, 313 m, per Bus zurück. | **Charakter:** Überwiegend flache, schattige Wege. Unterwegs viele Bademöglichkeiten. Ideal auch für Kinder. In den Dörfern längs der Maggiatalstraße kann mit dem Bus abgebrochen werden. **Einkehr:** Restaurants in Someo, Lodano, Moghegno, Aurigeno und Gordevio | **Karte:** KOMPASS Nr. 110

GPS-Koordinaten/Ausgangspunkt: UTM = x: 480.110 m Zone 32 = y: 5.119.120 m

 Leicht 12,5 km  70 hm / 135 hm 4:30 Std.

Von der Bushaltestelle **Someo** gehen wir noch ein paar Meter der Straße entlang taleinwärts und biegen nach der Brücke links in den Pfad Richtung Lodano. Es geht am Bach hinunter, dann flach durch ein Wäldchen zur **Hängebrücke** über die Maggia. Über die 400 Meter lange Konstruktion erreichen wir schwankend das andere Ufer. Nach einem Holzsteg setzen wir links fort, erst an einer Natursteinmauer entlang, dann an einem Bildstock vorbei, schließlich direkt dem Ufer nach. Hinter einer Koppel entfernt sich der Weg wieder etwas vom Ufer. Wir hüpfen über die Steine eines Baches, folgen einem Felsenweg, passieren ein paar Rustici mit Blick nach Giumaglio und erreichen dann die **Hängebrücke**, die nach Giumaglio übersetzt. Es lohnt sich, diese zu begehen. Wer schon fußmüde ist, kann in Giumaglio den Bus nehmen.

Ansonsten weiter dem Uferweg, der bald auf ein Sträßchen trifft, dem nach rechts gefolgt wird. Es geht durch Weinreben, über eine Brücke, dann die Straße rechts hoch an Rustici vorbei in einen Naturweg. An einer Weggabelung gehen wir geradeaus runter durch eine mit Flusssteinen gepflasterte Weinrebengasse ins verwinkelte

> **ⓘ KOMPASS INFO**
>
> Neben der Migros an der Hauptstraße von Maggia befindet sich das Vallemaggia-Tourismusbüro. Dort sollte man sich das kostenlose Faltprospekt zu Moghegno und Aurigeno der Serie „Sentieri di pietra" mitnehmen, das die kulturellen Besonderheiten der beiden Dörfer aufzeigt. Wie Goethe schon erkannte: Nur, was man weiß, sieht man auch.

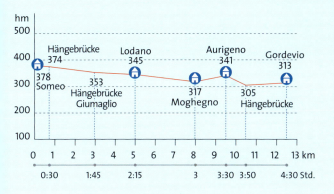

Dörfchen **Lodano**. Wir halten uns an die Wanderschilder Richtung Moghegno. Die Route führt etwas oberhalb des Verbindungssträßchens entlang, dann ein Stück auf diesem, bis man nach links wieder über eine Hängebrücke die Tour in Maggia abbrechen könnte. Die Fortsetzung der Route ist ein Kulturbummel. Es geht durch **Moghegno** und den gelben Wegweisern nach hangaufwärts, schließlich auf einer gepflasterten von Trockenmauern gesäumten Mulattiera nach **Aurigeno**. Dann auf der Straße zum nächsten Ortsteil, wo wir links wieder hinunter zum Fluss wandern und über eine **Hängebrücke** ans andere Ufer übersetzen. Nach der Brücke links führt uns ein breiter Waldweg nach **Gordevio**.

Die Hängebrücke bei Someo.

Lago Maggiore | 5. Maggia – Flusswanderung

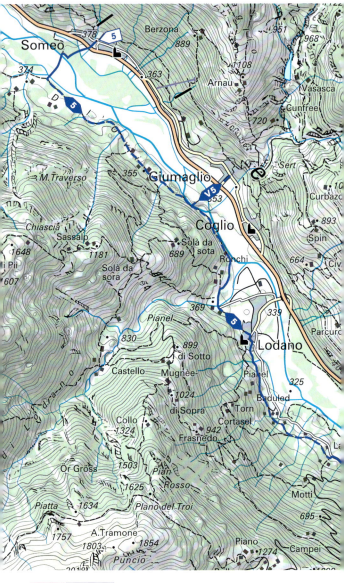

⭐ KOMPASS HIGHLIGHT

Die **Maggia** ist eine der wenigen unbegradigten Flüsse und bietet damit Einblick in eine faszinierende Auenlandschaft, wie sie nur noch selten zu finden ist. So seicht und flach die Flussmäander an Schönwettertagen wirken, kann nach Starkregen das Gewässer bis auf das 7000-fache anschwellen und sich in ein tosendes Ungeheuer verwandeln. Um Hochwasser zu verhindern, hat man dem Fluss den Raum lassen müssen, den er braucht. Das teilweise einen Kilometer breite Bett ist durch den mal tiefen, mal hohen Wasserstand einer ständigen Verwandlung unterzogen. Wandernde Kiesinseln und Seitenarme gestalten immer wieder ein neues Mosaik zwischen den Auen, bei Tiefstand herrlich zum Sonnen und Baden, bei heranziehendem Gewitter sollte man jedoch tunlichst das Weite suchen.

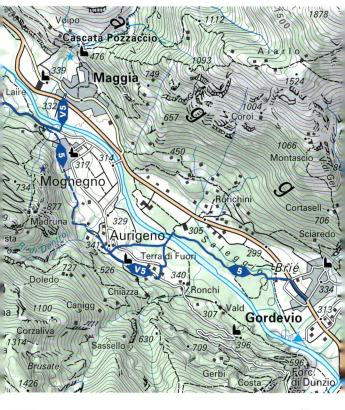

1:40 000

6. Rasa – Intragna
Auf dem Weg der Lastenträger

Ausgangspunkt: Verdasio Stazione, an der sich die Talstation der Seilbahn nach Rasa (898 m) befindet. Nur wenige Parkplätze an der Straße. Anreise am schönsten mit der Centovalli-Bahn von Locarno. | **Charakter:** Kühlespendender Waldpfad (ideal bei sommerlicher Hitze) hinunter in den Talgrund des Centovalli. An der Ponte Romano lockt ein erfrischendes Bad. Nach der fotogenen Bogenbrücke kurzer Steilaufstieg zur Straße. Die letzten Meter auf Teer. Familienfreundliche Tour. | **Einkehr:** Grotto in Rasa, Alpbar Corte di Sotto, Restaurants in Intragna | **Karte:** KOMPASS Nr. 90

GPS-Koordinaten/Ausgangspunkt: UTM = x: 472.900 m Zone 32 = y: 5.112.480 m

 Leicht   5 km   600 hm / 40 hm   2 Std.

Von der Bergstation in **Rasa** wenden wir uns nach links und wandern den alten Saumweg, der ostwärts flach durch duftenden Kastanienwald zur weiten Lichtung von **Bosind** führt. Nach den Häusern von **Corte di Sotto** tauchen wir wieder in den Wald ein. Hangabwärts passieren wir die Wiesenschulter von **Cadalom**. Zunehmend steiler geht es hinunter in das Tälchen des Ri di Vacaricc, über den uns ein Brücklein führt. Dahinter nicht zur Passerelle über die Melezza, sondern rechtsufrig der Melezza bleiben und dem idyllische Saumweg talauswärts durch viele kleine Seitenschluchten folgen. Unterwegs passieren wir den verlassenen Weiler **Remagliasco**. Schließlich führt ein markierter Abstieg in die Schlucht der Melezza zur mittelalterlichen Steinbogenbrücke. Jenseits der **Ponte Romano** folgt ein kurzer Gegenanstieg zur Straße, die nach rechts in Kürze **Intragna** erreicht.

⊛ KOMPASS HIGHLIGHT

Die **Ponte Romano** ist eine fotogene Bogenbrücke, die am Ende der Wanderung überschritten wird; Baujahr 1578. Damit ist sie die älteste noch intakte Brücke der Region. Mit einer Länge von 36 Metern wölbt sie sich in ihrem Zenit 26 Meter hoch über den Wildbach Melezza. Gekrönt ist der Bogen mit einem kapellenartigen Bildstock. Verlockende Badepools laden hier zu einer längeren Pause ein. Weil vom Tal der Melezza unzählige Seitenarme abgehen, wurde es mit Centovalli benannt: 100 Täler.

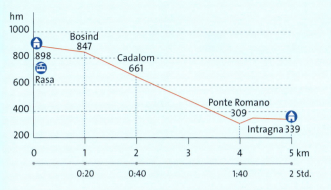

🛈 KOMPASS INFO

Rasa, das Dorf ohne Straße. Nur eine Seilbahn fährt hinauf. Vor 1958 musste alles auf dem Rücken von Lastenträgern (Mensch und Muli) heraufgeschleppt werden. Vor allem wenn man an das Baumaterial denkt, die schweren Felsplatten für die Dächer, Steine für Hauswände, etc. – eine beschwerliche Angelegenheit. Anfang des 18. Jahrhunderts hatte Rasa sogar eine eigene Schule. Längst ist vergessen, wo sie stand. Später, als die Abwanderung zunahm, behalf man sich mit Räumlichkeiten über der Sakristei, und bis zur endgültigen Schließung 1950 diente das Pfarrhaus als Schule. Von den ehemals 200 Einwohnern schrumpfte Rasa auf ein 11-Personen-Dorf, bis man in den 1960er Jahren begann, verlassene Häuser in ein Bildungs- und Ferienzentrum umzubauen. Heute ist das archaische Bergdorf auf einer Sonnenterrasse hoch über dem Centovalli eine stille Oase für Erholungssuchende.

Die Ponte Romano im Centovalli.

Lago Maggiore | 6. Rasa – Intragna

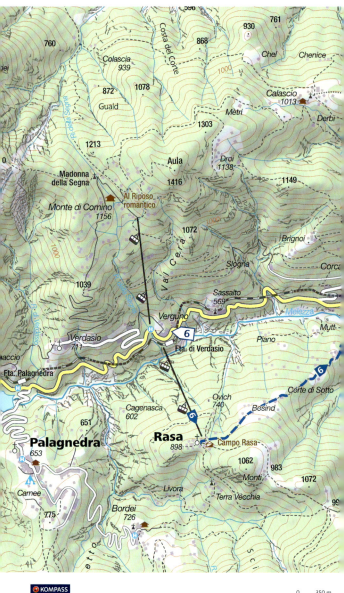

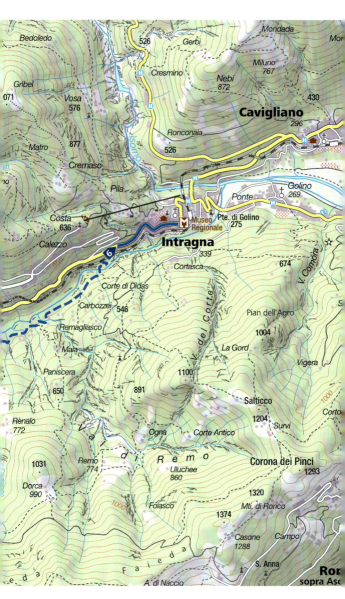

7. Monte Verità – Calzo
Kraftorte

Ausgangspunkt: Ascona, 199 m. Diverse Parkplätze vor der autofreien Altstadt. | **Charakter:** Teils auf Bergpfaden, teils auf verkehrsberuhigten Teersträßchen. Mal Wald, mal Villengegend, immer wieder schöne Seeblicke. Steiler Auf- und Abstieg.
Einkehr: Vegetarisches Restaurant auf dem Monte Verità
Karte: KOMPASS Nr. 90

GPS-Koordinaten/Ausgangspunkt: UTM = x: 481.980 m Zone 32 = y: 5.111.290 m

 Leicht 11 km 763 hm / 763 hm 5:15 Std.

Von der Via Borgo in **Ascona**, der Gasse am Fuße des Hügels, biegen wir in die **Scalinata della Ruga**. Der idyllische Treppenweg mündet nach einem Steilstück in die Strada Collina, auf der wir uns erst links halten, dann rechts zum **Monte Verità**. An der Einfahrt zum Bauhaushotel beginnt rechts ein interessanter Rundgang durch das Parkgelände des Kulthügels. Hinter dem Bauhaushotel führt ein Pfad zur Straße an der Parsifal-Wiese. Es geht wenige Meter nach links zur Kreuzung. An der Straße nach Ronco biegen wir rechts in den Wanderweg Richtung Balladrum. Zunächst einem Vitaparcours (Trimmdich) entlang, dann in einen Skulpturenweg, schließlich zum felsigen Ausguck des **Balladrum**, einem keltischen Kulthügel mit Resten einer Ringmauer. Nun halten wir uns an die Wegweiser Richtung Ronco und erreichen eine Straße, der wir nach rechts Richtung Arcegno bis zum Wanderschild **Allisio** folgen. Nach rechts könnte man auf dem Sentiero delle Betulle (Birkenweg) in 20 Minuten wieder zum Monte Verità zurückkehren. Nach links klettert der Pfad gen Corona dei Pinci. Ihn schlagen wir ein, stets bergwärts in westliche Richtung durch Wald, bis dieser lichter wird und schöne Seeblicke offeriert. Am Wegschild 1:15 Std. unterhalb der Corona dei Pinci nehmen wir den Pfad links

> **ⓘ KOMPASS INFO**
>
> Die Tour lässt sich über den Panoramagipfel **Corona dei Pinci** (1293 m) ausweiten, 1:15 Std. Empfehlenswerter Abstieg dann über die **Monti di Ronco**, wo in aussichtsreichen Grotti rustikal eingekehrt werden kann, ins hübsche Dorf Ronco hinunter, 2 Std. Wahlweise mit Bus oder Schiff zurück oder auf gut ausgeschildertem Höhenweg, 2 Std. bis Ascona.

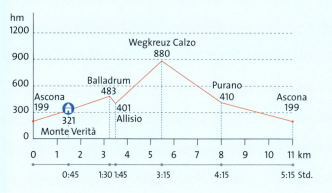

und erreichen nach etwa 10 Minuten einen Bauernhof umgeben von einer herrlichen Panoramawiese oberhalb **Calzo**. Schafe, Ziegen, Hühner leisten mitunter Gesellschaft. An einem kleinen Stand mit Kasse am Zufahrtsweg kann u. a. Käse eingekauft werden. Beim Abstieg halten wir uns an den Wegweisern immer Richtung Ascona, queren öfter mal die Straße und kommen schließlich ins Vil-

Panoramalage Calzo.

Lago Maggiore | 7. Monte Verità – Calzo

Uferpromenade von Ascona im Frühling.

lenviertel von **Purano**. Dem Sentiero Roma nordöstlich folgend, erreichen wir die Via Collinetta (Verbindungsstraße zwischen Moscia und Ascona). Nach links führt sie uns zur Scalinata della Ruga, dem Treppenweg zurück nach **Ascona**.

⭐ KOMPASS HIGHLIGHT

„Balabiotti", Nacktänzer nannten die Einheimischen das verrückte Volk, das sich ab 1900 auf dem Monte Monescia niedergelassen und ihn zu ihrem **Monte Verità**, dem Wahrheitsberg gemacht hatten. Revoluzzer, Utopisten, Weltverbesserer versuchten sich auf dem Hügel über Ascona in einer neuen Lebensform frei von gesellschaftlichen Zwängen und zurück zur Natur. Man trug wallende Gewänder oder lief ganz nackt, lebte in Licht-Luft-Hütten und ernährte sich von Rohkost. Die vom belgischen Fabrikantensohn Henri Oedenkoven und der Münchner Pianistin Ida Hofmann sowie den Künstlerbrüdern Karl und Gustave Gräser gegründete „vegetabilische Cooperative" wurde ein auch von Prominenten (wie Hesse, Mühsam) gern genutztes Sanatorium. 1926 nahm sich der Bankier Eduard von der Heydt dem Hügel an, ließ ein Hotel im Bauhausstil errichten. Seit 1964 steht der Monte Verità in der Obhut des Kantons, wird das Hotel (preisgekrönt zum „Historischen Hotel des Jahres 2013") für Seminare genutzt und Führungen durch den Park angeboten. Die Casa Anatta, wo einst das Gründerpaar wohnte, ist zum Museum umfunktioniert. Auch steht noch eine Licht-Luft-Hütte, die besichtigt werden kann. Und ein Teehaus gibt es wieder. „Teephilosoph" Peter Oppliger hat hier 2006 mit der Anpflanzung von Grüntee begonnen. Die Ernte der einzigen Teeplantage Europas kann in der „Casa del Tè" bei einer japanischen Teezeremonie verkostet werden. Dazu gehört auch ein Zen-Garten. Geöffnet ist das Teehaus von 13.30 bis 18.30 Uhr (Mo. geschl.), Nov. bis März nur Do bis So. Teezeremonie jeweils Di. 17 Uhr, im Winterhalbjahr samstags, Anmeldung notwendig. Infos: www.monteverita.org

8. Monte Gridone

Schmugglerwege

Ausgangspunkt: Cortaccio, 1067 m. Zufahrt von Brissago 7 km. Parkplatz 800 m vor Erreichen des Maiensäß, also etwa bei 6,2 km.
Charakter: Alpine Bergtour mit steilem Zu- und Abstieg. Teils felsdurchsetztes Gelände, das gute Trittsicherheit und im Kammbereich auch Schwindelfreiheit voraussetzt | **Einkehr:** Rifugio Al Legn; Grotto Borei an der Zufahrt | **Karte:** KOMPASS Nr. 90
GPS-Koordinaten/Ausgangspunkt: UTM = x: 475.530 m Zone 32 = y: 5.106.180 m

---

 Schwer   12 km   1150 hm / 1150 hm   6:20 Std.

Vom Wanderparkplatz folgen wir der Straße bis zu ihrem Ende am Maiensäß **Cortaccio**. Wir gehen nicht ganz durchs Alpdörfchen, sondern biegen im ersten Teil links ein. Die Mulattiera führt über den Bach und steigt dann durch Kastanienwald bergwärts. Nach den Alphütten von Penzevione gabelt sich der Weg. Die rechte Route wäre zwar die steilere, doch aussichtsreichere. Die linke Route bleibt lange in einem Graben, lässt aber auch schöne Seeblicke zu, nur eben in einer Richtung. Beide Wege treffen sich am **Rifugio Al Legn**. Von der Hütte klettert der gut markierte Pfad dann zur Bocchetta di Valle, wo sich ein 10minütiger Abstecher zum Aussichtspunkt Fumadiga, 2010 m, unternehmen lässt. Alternative für solche, denen die Gipfeltour zu lang und anstrengend ist. Von der Bocchetta (auf deutsch Scharte) halten wir uns links. Die Markierungen leiten nordwestlich zu einer felsigen Rinne und durch diese auf den Grat, über den die Grenze Schweiz-Italien verläuft. Ein reger Schmuggel florierte hier vor allem während der Kriegszeiten. Auch half man Juden zur Flucht in die sichere Schweiz.

> **KOMPASS INFO**
>
> Eine sehr lohnende Mehrtagestour lässt sich am Monte Gridone gestalten. Nach einer Übernachtung im Rifugio Al Legn und der Gipfelbesteigung, folgt man dem gegen Cannobio ziehenden Kamm, überschreitet den **Monte Faierone**, passiert den **Monte Giove** (Tour 7) und nächtigt im Agriturismo „Da Attilio" von Monti Marcalone (5:30 Std.). Andertags quert man dann auf einem im Jahr 2012 eröffneten Wanderweg über die Alpe L'Agher (auf der Karte Agro), wo sich feiner Ziegenkäse einkaufen lässt, zurück zum Ausgangspunkt Cortaccio (3:30 Std.).

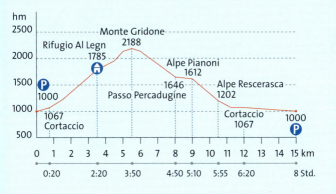

Nun nach rechts dem Kamm folgend zur „Caldera", einer Niederschlagsmessstation, und hinunter in eine Scharte. Schließlich in kräftigem Gegenanstieg auf den mit gewaltigem Gipfelkreuz gekrönten **Gridone** oder auch **Monte Limidario** genannt. Gewaltig sind vor allem die Tiefblicke ins Centovalli und zum Monte Rosa hinüber. Wir kehren am Kamm wieder dorthin zurück, wo wir hergekommen sind, folgen dann aber weiter dem Kamm. Der Pfad ist etwas heikel.

Am Abstieg zur Alpe Pianoni.

Lago Maggiore | 8. Monte Gridone

Das Rifugio Al Legn.

Es geht über kleine Felsstufen und Schrofen unter dem Cruit hindurch zu einer Schulter. Bereits dort führt ein Pfad links hinunter zur Alpe Pianoni, er ist von der Erosion jedoch schon stark in Mitleidenschaft gezogen, weil viel zu steil angelegt. Wir steigen also noch etwas den Graskamm ab bis zum **Passo Percadugine** und wenden uns dann erst links zur **Alpe Pianoni**. An den rustikalen Hütten plätschert ein Brunnen und man kann seine Trinkwasserflasche nachfüllen. Der Weg folgt noch etwas der Höhenlinie und senkt sich dann zur **Alpe Rescerasca**. Unterhalb der archaischen Siedlung wenden wir uns am Wegweiser links und treffen im Wald wieder auf unsere Aufstiegsroute kurz vor Erreichen **Cortaccios**. Auf der Straße zurück zum Parkplatz.

⭐ KOMPASS HIGHLIGHT

Ohne Übernachtung im **Rifugio Al Legn** nur eine halbe Sache. Die Hütte der Associazione Amici della Montagna di Brissago hat eine ausnehmend schöne Lage. Traumhaft der Blick nicht nur zum Sonnenauf- und untergang, sondern auch des Nachts, wenn sich eine Lichterkette um den See spannt und in der Ferne Milano in den Himmel leuchtet. Ein weiterer Vorteil, man erreicht den Gipfel zum besten Morgenlicht, wenn die Fernsicht noch nicht vom Dunst getrübt ist. Die Hütte ist nur im August bewirtschaftet, doch für Selbstversorger stets geöffnet. Mit Getränkedepot, Küche, Matratzenlager vorbildlich ausgestattet. Infos: www.legn.ch.

9. Monte Giove
Hausberg von Cannobio

Ausgangspunkt: S. Agata, 464 m. Zufahrt von der Uferstraße nur wenig nördlich von Cannobio über ein 3 km langes Bergsträßchen. Parkplatz vor dem Dorf wie auch an der Kirche.
Charakter: Gut markierte Rundtour, teils auf Forstpiste, teils auf schmalem Pfad. Ein paar Steilabschnitte.
Einkehr: Agriturismo „Da Attilio", Monti Marcalone (Ostern bis Ende Okt.); Rifugio Baita Zabo, Alpe Rombiago (Juni bis Sept.), nur Gastrobetrieb | **Karte:** KOMPASS Nr. 90

GPS-Koordinaten/Ausgangspunkt: UTM = x: 475.730 m Zone 32 = y: 5.101.870 m

 Leicht 9,5 km  850 hm / 850 hm 4:15 Std.

An der Kirche leitet uns der Wegweiser rechts durch den Torbogen. Wir steigen durch die Gassen, dann durch Kastanienwald bergwärts. Nach der Kapelle **S. Luca** und dem Geisterdorf gabelt sich der Weg. Auf der linken Route werden wir später zurückkommen. Wir halten uns nun rechts und erreichen bald die Zufahrtsstraße zu den **Monti Marcalone**. Oberhalb des Maiensäßes geht die Teerstraße in eine Forstpiste über, der wir eine Weile folgen. In einer Linkskurve, der Wegweiser bezeichnet sie mit **Pian Betulle**, können wir eine schönere Variante wählen und wenden uns nach rechts. Teilweise gesichert und über glitschige Stufen balanciert der Pfad oberhalb einer Schlucht entlang mit schönen Seeblicken zum Sattel an der Alpe Rombiago, wo man wieder auf die Forstpiste trifft. Wir schlagen sie links ein, um dann gleich rechts in den Gipfelpfad einzubiegen, der über steile Wiesen zum großen Kreuz des **Monte Giove** kraxelt. Welch ein Prachtblick über den See. Winzig klein zu Füßen Cannobio. Auf dem selben Weg wieder zurück zum Sattel, geht es dort dann links zu den Häusern der **Alpe Rombiago**. Noch vor dem Rifugio Baita Zabo

> **① KOMPASS INFO**
>
> **Marcalone** ist ein Maiensäß, der noch nicht wie so viele andere aufgegeben wurde. Seit 2007 kann hier auch übernachtet werden. Im Gastgarten mit Seeblick lässt sich feiner Kuh- und Ziegenkäse degustieren. Des Weiteren werden Kräuter angepflanzt und u.a. zu Tees und Bonbons verarbeitet.

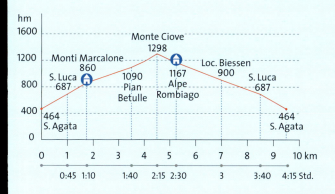

zweigt links die Mulattiera nach S. Luca ab. Zunächst senkt sie sich noch steil, dann aber oberhalb der Monti Biessen wird es flacher und der Wald gibt mehr Panorama preis. An Marienstöcken vorbei treffen wir auf die uns schon bekannte Weggabelung, halten uns geradeaus runter über **S. Luca** nach **S. Agata**.

Am Monte Giove: Tiefblick auf Cannobio.

Lago Maggiore | 9. Monte Giove

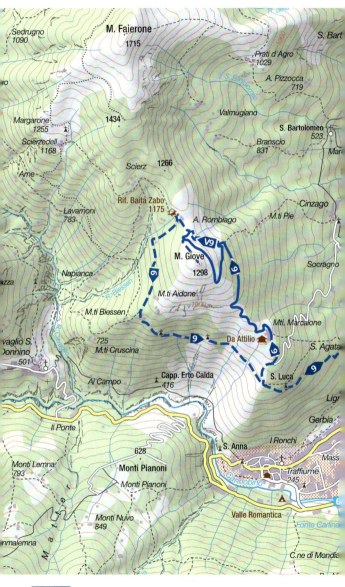

⭐ KOMPASS HIGHLIGHT

Besonders schön bietet sich die Tour im Herbst dar, wenn die Wälder in den schillerndsten Farben leuchten und auf dem Boden **Kastanien** zum Sammeln einladen. Das „Brot der Armen" wird heute als Delikatesse gehandelt. Geröstete Kastanien zuhause im Kaminfeuer oder Herd sind eine vitamin- und mineralienreiche Köstlichkeit. Die eigene Ernte ist kein Vergleich zu den Kastanien, die man im Supermarkt kaufen kann und die häufig schlecht gelagert wurden.

1 : 35 000

10. Pian Cavallone

Aussichtsbalkon zwischen See und Nationalpark

Ausgangspunkt: Cappella Fina, 1102 m, am Ende der Straße mit Parkplatz, 3 km über Miazzina. Zufahrt von Intra über Trobasco und Cambiasca. | **Charakter:** Teilweise breite, teilweise schmale Pfade. Hie und da ein paar steilere Abschnitte. | **Einkehr:** Rifugio CAI Pian Cavallone | **Karte:** KOMPASS Nr. 97

GPS-Koordinaten/Ausgangspunkt: UTM = x: 463.170 m Zone 32 = y: 5.092.500 m

 Leicht 12,5 km  500 hm / 500 hm 4:45 Std.

Vom Parkplatz folgen wir dem breiten Weg, der hinter der Kapelle an der Informationstafel des Nationalparks beginnt. Bei der ersten Weggabelung biegen wir rechts in den Weg zur Cappella Porta. Es geht bequem der Höhenlinie entlang unter Kühle spendenden Baumwipfeln durch mehrere Bachrunsen, bis die Route in einen Sentiero Natura einmündet. Nach rechts können wir in einem kurzen Abstecher die aussichtsreiche **Cappella Porta** besuchen. Nach links steigt der Naturlehrpfad an Informationstafeln über Flora und Fauna vorbei hinauf zum **Rifugio Pian Cavallone**, wo wir die Waldgrenze hinter uns gelassen haben. Vom Sattel mit der markanten **Kapelle Valgrande Martire** präsentiert sich ein herrlicher Rundblick: ins Val Pogallo und hinüber zum Monte Rosa, im Süden glitzern die Seen. Wer noch Lust hat, kann einen Gipfelabstecher auf die Kuppe Balmitt hinter der Hütte machen. Aber auch der Rückweg ist nun pure Panoramawonne. Man hält sich dem grasigen Kamm entlang in südwestlicher Richtung. Nach einem minimalen Gegenanstieg geht es nur noch abwärts. Wir passieren bald eine Hüttenruine, das während des Widerstandskampfes zerstörte ehemalige Rifugio Pian Cavallone. Eine spartanische Notunterkunft (Ricovero) ist darin eingerichtet. Wir erreichen einen **Sattel**, lassen den Weg zur Alpe Curgei rechts liegen und steigen auf einer schönen Mulattiera durch die Ostseite des **Pizzo Pernice** ab. Vorbei an einer Quelle geht es mit schönen Seeblicken zurück zum Parkplatz an der **Cappella Fina**.

> **KOMPASS INFO**
>
> Das **Rifugio Pian Cavallone** ist von Mitte Juli bis Ende August durchgehend bewirtschaftet, im Juni, September und Oktober dann nur noch Sa./So.

⭐ KOMPASS HIGHLIGHT

Ein abenteuerlicher Gipfelabstecher führt vom Rifugio Pian Cavallone zum mit Kapelle gekrönten 2051 Meter hohen **Pizzo Marona**, 1:45 Std. Der Weg ist etwas anspruchsvoller, schmal und führt teilweise über ausgesetzte Felspartien, die an den heiklen Stellen gesichert sind. In der Kapelle erinnert ein Partisanendenkmal an die hier im Juni 1944 gefallenen 12 Widerstandskämpfer. In gut 50 Minuten lässt sich von dort auch der **Monte Zeda** (2156 m) erreichen. Für diese Gipfeltour sollte man besser im Rifugio Pian Cavallone übernachten, damit bei der Anstrengung auch Genuss bleibt.

Herbstpracht am Pizzo Pernice.

Lago Maggiore | 10. Pian Cavallone

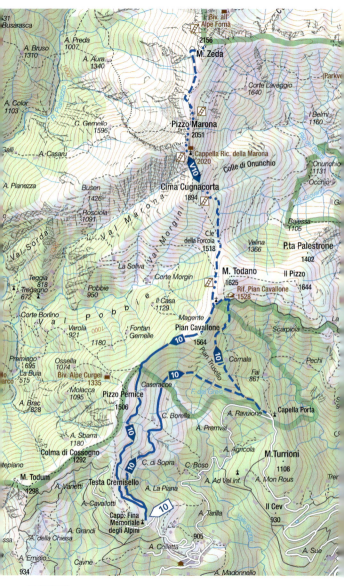

Wanderweg zwischen Capella Fina und Pizzo Pernice.

11. Monte Zeda

Fulminanter Adlerhorst, dessen Besteigung Militärwege vereinfachen

Ausgangspunkt: Passo Folungo, 1369 m. Anfahrt von Cannero oder Intra zur Passhöhe Il Colle, dann fast 8 km auf ruppiger, aber flacher Schotterpiste. | **Charakter:** Mal Militärstraße, mal schmaler Pfad. Relativ steil im Gipfelbereich.
Einkehr: Agriturismo Alpe Archia, an der Zufahrt 2 km vor dem Passo Folungo | **Karte:** KOMPASS Nr. 90

GPS-Koordinaten/Ausgangspunkt: UTM = x: 467.720 m Zone 32 = y: 5.098.660 m

 Mittel   10,8 km    790 hm / 790 hm   4:45 Std.

Vom Passo Folungo nehmen wir den markierten Pfad am Grat entlang Richtung Monte Vadà. Er kürzt das Militärsträßchen ab. Nach der zweiten Kehre sind ein paar felsdurchsetzte Partien mit Ketten gesichert, man könnte dort auch auf das Militärsträßchen ausweichen. Beide Routen treffen sich dann wieder. Das Militästräßchen zieht durch die Südseite des Monte Vadà zum 2009 eingeweihten **Bivacco Pian Vadà**. Es ersetzt das Rifugio von 1889, das während der Säuberungsaktionen von Nazis und Faschisten im Juni 1944 zerstört wurde. Sowohl auf der Passhöhe Il Colle, wie auch auf dem Pizzo Marona erinnern Gedenktafeln an die hier gefallenen Partisanen. Seit Il Colle bewegen wir uns auf der Linea Cadorna, die von Carmine am Lago Maggiore bis zum Monte Zeda führt und erst wieder am Pizzo Proman (Tour 13) ihre Fortsetzung findet. Der aus Pallanza (Verbania) gebürtige General Luigi Cadorna, der Verantwortliche dieser Verteidigungslinie aus der Zeit des Ersten Weltkrieges, sah keine Gefahr einer Invasion durch das raue Relief des Val Grande.

⭐ KOMPASS HIGHLIGHT

Vielleicht die schönste Bergstrecke, auf der man mit dem Auto das Hinterland des Lago Maggiore kennenlernen kann. Sie zieht sich eng und kurvenreich von Cannero am Monte Carza hinauf und zum Il Colle, windet sich hinter der Cima di Morissolo durch und erreicht schließlich bei Intra wieder das Ufer. Man kommt an archaischen Bergdörfchen vorbei und hat immer wieder herrliche Ausblicke zum See und übers raue Gebirgsrelief. In Viggiona lässt sich im Übrigen gut zum Essen einkehren.

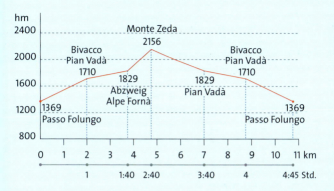

Hinter dem Holzbau des Biwaks führt unsere Route wieder zum Kamm. Der Militärweg wird zum Pfad und zieht aussichtsreich durch die Wiesenflanke zu einer **Weggabelung**, wo es rechts zur **Alpe Fornà** ginge. Über den Ostgrat steigen wir nun steil aber auf gutem Weg zum großen Gipfelkreuz des **Monte Zeda**. Nicht selten gleiten Adler durch die Lüfte. Spektakulär stürzt die Westfront des Monte Zeda ins Val Pogallo. Wir stehen hier auf der Schneide einer Felsmauer, die den Innercircle des Nationalparks Val Grande schroff umzingelt. Welch ein Panorama: Die Berner- und Walliser 4000er-Kette, Monte Rosa, der Blick zur Poebene, der bei klarer

Wer sich verewigen möchte, auf dem Gipfel des Monte Zeda gibt es ein Gipfelbuch.

Lago Maggiore | 11. Monte Zeda

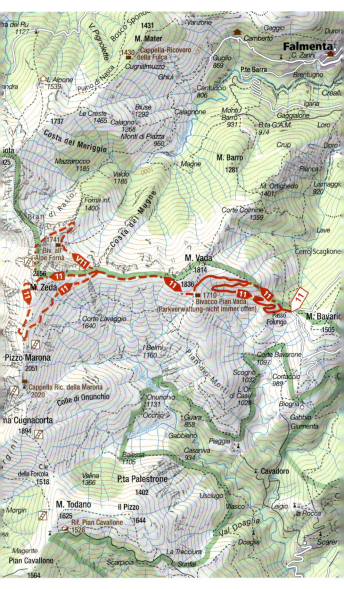

Sentiero Bove: Gratroute vom Feinsten.

Sicht bis zu den Seealpen und zum Apennin reicht … Den Monte Zeda sollte man sich für die Tage mit der besten Fernsicht aufheben, die vor allem der Herbst bietet. Wir steigen vom Gipfel nun ein Stück auf dem sogenannten Sentiero Bove den Hauptkamm südlich ab in die Senke zwischen Monte Zeda und Pizzo Marona und biegen links in den Pfad, der zurück zur Weggabelung am **Pian Vadà** quert. Für den kurzen, lohnenden Abstecher zum **Pizzo Marona** (Tour 10) muss man trittsicher und schwindelfrei sein, das Gelände ist dort ausgesetzter, allerdings sind alle heiklen Stellen bestens abgesichert. Zurück am Kamm von Pian Vadà geht es dann auf dem Hinweg hinunter, wobei gegen Ende das Militärsträßchen knieschonender ist, als der Abschneiderpfad.

ℹ️ KOMPASS INFO

Der **Sentiero Bove** ist einer der anspruchsvollsten Wege im Nationalpark Val Grande. Er führt in drei bis vier Tagen auf der Kammschneide rund um das Val Pogallo. Zahlreiche Passagen sind mit Eisentritten und Ketten gesichert. Die Route ist der CAI Sektion Verbano Intra und zu guter Letzt auch Giacomo Bove zu verdanken. Zwischen 1883 und 1886 hatte die Sektion bereits Wegabschnitte eingerichtet. Aufgeschlossen auch für Entdeckungsreisen wie die geplante Antarktis-Expedition von Bove, Spezialist für Meeresströmungen bei der Marine, sammelte sie Geld. Doch die Unternehmung scheiterte, Bove kam ums Leben, zurück blieb die Spende, mit der die Sektion eine der ersten Vie Alta der Alpen ins Leben rief. Wer absolut trittsicher und schwindelfrei ist, kann sich am Monte Zeda eine kleine Kostprobe verabreichen. Dazu quert man zur Alpe Fornà, wo sich auch eine stets geöffnete Selbstversorgerhütte befindet, steigt dann hinter den Hütten auf markiertem Pfad über einen Rücken auf den Kamm und erkraxelt, heikle Stellen sind gesichert, den Monte Zeda.

12. Cima Sasso – Pogallo

Ins Herz des Nationalparks Val Grande

Ausgangspunkt: Cicogna, 732 m, das einzige Dorf, das im Nationalpark liegt und von Rovegro über ein abenteuerliches Bergsträßchen zugänglich ist | **Charakter:** Zunächst steile Mulattiera zur Alpe Prà, dann Bergpfad, der Trittsicherheit verlangt. Rückweg über Pogallo problemlos, zuletzt flacher Lehrpfad durch Wald. | **Einkehr:** Bar des Circolo ARCI Felice Cavallotti unterhalb der Kirche von Cicogna, Casa del Alpino auf der Alpe Prà | **Karte:** KOMPASS Nr. 97

GPS-Koordinaten/Ausgangspunkt: UTM = x: 460.710 m   Zone 32 = y: 5.094.550 m

 Schwer   15 km   1420 hm / 1420 hm   8 Std.

Welch ein Kontrast zum quirligen Leben am Lago Maggiore. Einsam und verschlafen wirkt **Cicogna**. Von den einst 700 Einwohnern sind nur noch 18 Residenten geblieben. Neben der Kirche beginnt unser Aufstieg zur Alpe Prà. Eine kunstvoll gepflasterte Mulattiera unter Schatten spendenden Kastanienbäumen. Sie ist als Lehrpfad zum Thema „La Civiltà della Fatica", zur Kultur der Mühsal eingerichtet, die wir aufgrund der Steilheit auch gleich am eigenen Körper erfahren dürfen. Der Wald hat sich den ehemals kultivierten Hang zurückerobert. Auf den Terrassen, die wir passieren, baute man früher Roggen an. Je höher wir steigen, umso mehr lichtet sich der Wald und gibt Seeblicke preis, zum Lago d'Orta und Lago Maggiore. Dann ist die aussichtsreiche **Alpe Prà** erreicht, wo leider nur an Wochenenden die Casa del Alpino bewirtschaftet ist. Am Brunnen sollte man seine Wasserflasche nachfüllen, denn später gibt es keine Gelegenheit mehr. Der Weg taucht dann in einen Buchenwald ein und gibt nach einer Viertelstunde einen fantastischen Aussichtspunkt preis. Das ganze Val

> **ⓘ KOMPASS INFO**
>
> Wer die Tour genießen möchte, splittet sie in 2 Tage und übernachtet auf der Alpe Prà. So lässt sich im besten Morgenlicht die Cima Sasso besteigen, wenn die Fernsicht in der Regel klarer ist. Als leichten Spaziergang kann man sich auch nur den Sentiero Natura zur Alpe Pogallo herauspicken. Badezeug nicht vergessen, unterwegs lädt der Rio Pogallo zum Eintauchen ein.

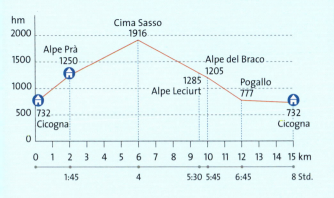

Panoramablick ins Val Pogallo oberhalb der Alpe Prà.

Lago Maggiore | 12. Cima Sasso – Pogallo

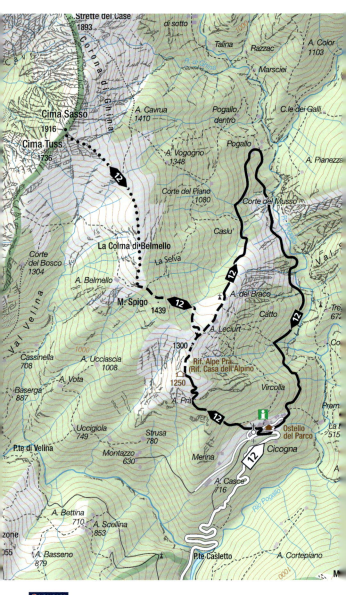

Pogallo lässt sich überblicken. Berühmt-berüchtigt ist der Sentiero Bove über den schroffen, das Tal einzwängenden Kamm, der von der Cima Sasso im Halbrund über die Cima della Laurasca, die Cima Marsicce, den Monte Torrione, die Piota, den Monte Zeda und den Pizzo Marona führt.

An der Aussichtswarte befindet sich auch die Weggabelung, wo wir später zur Alpe Pogallo absteigen werden. Zur Gipfelbesteigung halten wir uns links. Es geht weiter durch Wald bergwärts östlich des Monte Spigo in einen Sattel, dann dem Kamm nach. Bald liegt die Waldgrenze hinter uns. Vereinzelte orangefarbene Punkte weisen uns den Weg westlich an der Colma di Belmello vorbei, über eine exponierte Stelle, schließlich entlang des nun flacheren Rückens nordwestlich an den Gipfelaufbau der Cima Sasso. Wir halten uns an die Steinmännchen und steigen steil über Schutt auf die **Cima Sasso**. Beeindruckend zieht sich der Zackengrat der Strette del Casè zur wuchtigen Cima Pedum. Unglaublich, dass dort der Sentiero Bove hindurchführen soll, ein Weg für Könner. Bei klarer Sicht können wir den Monte Rosa ausmachen. Auf gleichem Weg kehren wir zurück zur Weggabelung (5 Std.) an der Aussichtswarte und wandern links an den Ruinen der **Alpe Leciurt** und der **Alpe del Braco** vorbei hinunter nach **Pogallo**. Einst pulsierte hier das geschäftige Leben der Holzindustrie, waren die Hänge kahl rasiert. Holz, das auch für den Bau des Mailänder Doms verwendet wurde. Carlo Sutermeister, ein Schweizer Ingenieur, investierte in technische Novitäten, wie eine Seilbahn mit aus Wasserkraft gewonnenem Strom betrieben. Mit diesem Strom wurden

Kirche von Cicogna.

Ende des 19. Jahrhunderts auch die Städte Intra und Pallanza beliefert. Dazumal gab es in Pogallo alles, was ein Dorf ausmacht: Laden, Wirtshäuser, Schule, Arzt, selbst einen Polizeiposten mit Gefängniszelle. Auch der in die Felsen über dem Rio Pogallo gehauene, bequeme Weg nach Cicogna geht auf das Konto des Schweizer Ingenieurs, die sogenannte Strada Sutermeister. Heute ein Sentiero Natura zum Thema Wasser. An der Ponte Calenesch, dort wo der Rio Pogallo einen Rechtsknick macht, offeriert der Fluss ein himmlisches Badebecken. Die ideale Erfrischung an heißen Tagen. Entlang der westlichen Flussseite erreichen wir schließlich die Straße unterhalb von **Cicogna**.

13. Pizzo Proman

Auf Linea Cadorna- und Partisanenspuren

Ausgangspunkt: Colloro, 523 m, 5 km oberhalb von Premosello. Parkplatz (600 m) an der Brücke 700 m nach dem Dorf Richtung Alpe Lut. Der weitere Verlauf der Straße ist für den öffentlichen Verkehr gesperrt. | **Charakter:** Abwechslungsreiche Bergtour an archaischen Alpsiedlungen vorbei. Nur mit einer Übernachtung auf der Alpe della Colma (Selbstversorgerhütte) empfehlenswert, da sonst sehr lang. Steiler Zu- und Abstieg. Im Gipfelbereich exponiert. | **Einkehr:** In Colloro | **Karte:** KOMPASS Nr. 97

GPS-Koordinaten/Ausgangspunkt: UTM = x: 448.300 m   Zone 32 = y: 5.095.890 m

 Schwer   18 km   1520 hm / 1520 hm   9 Std.

Colloro befindet sich bereits schon im Nationalpark Val Grande. Ein typisches Bergdorf, dessen Name sich vom Lateinischen ableitet und „Ort der Steine" bedeutet. „Die Hirten von Premosello und Colloro haben hartnäckig ihre Arbeit bis in die 60er Jahre hinein fortgesetzt. Es war ein Collorese, der 1969 mit der letzten Alpsaison in Serena das Ende der Präsenz des Menschen im Val Grande besiegelte", erzählt Luca Chessa, Wirt des B&B Ca' del Preu.

Vom Parkplatz oberhalb des Dorfes überqueren wir die Brücke über den Rio del Ponte und folgen dem Teersträßchen in Richtung Alpe Lut. Nach etwa einer Viertelstunde biegen wir links in die Mulattiera (Saumweg) und erreichen eine Lichtung mit hübscher Kapelle, die sich als romantischer Picknickplatz anbietet. Vorbei an den Rustici der **Alpe Lut** zur Straße und dieser entlang bergwärts bis zu ihrem Ende kurz vor der **Alpe La Piana**. Nun wieder auf schöner Mulattiera durch die Alpsiedlung und bequem zur **Alpe La Motta**. Der Weg senkt sich zum Bach (letzte Gelegenheit für ein erfrischendes Bad) und steigt dann zunehmend steiler zum Sattel der **Alpe della Colma**. Eine der Steinhütten ist stets geöffnet; rustikale Unterkunft mit Holzofen und wenigen Matratzen im Dachgeschoss. Falls der Brunnen ausgetrocknet ist, findet man Wasser etwa fünf Minuten östlich entfernt am Weg Richtung Pizzo Proman. Der in den Fels gehauene, teilweise gesicherte Weg quert dort eine Schlucht, steigt über einen steilen Grashang aus ihr heraus und folgt natürlichen Felsbändern. Mal ist die rot-

weiß markierte Route schmal und etwas heikel, dann wieder breit und gut begehbar. Nordostseitig unter dem Moncucco hindurch zum Kamm, man wechselt jedoch nicht die Seite, steigt schließlich etwas ab, um dann im Gegenanstieg den Gipfel zu gewinnen. Der Blick vom **Pizzo Proman** ist hinreißend. Im Südosten glitzern der Lago Maggiore und seine Nachbarseen, im Südwesten türmt sich der Monte Rosa, den man schon von der Alpe della Colma bewundern konnte. Dann der Weitblick über das Val Grande zu den Walliser und Berner Viertausendern. Der Rückweg erfolgt auf gleichem Weg. Unterhalb der **Alpe della Colma** können Abschnitte variiert werden, wie beispielsweise rechts ab über die **Alpe Stavelli**. Der Weg

Monte-Rosa-Blick vom Pizzo Proman.

Lago Maggiore | 13. Pizzo Proman

⭐ KOMPASS HIGHLIGHT

Diese Tour ist die erste Etappe des dreitägigen Klassikers durch den Nationalpark Val Grande. Wer wilde Natur und Einsamkeit sucht, wird voll auf seine Kosten kommen. Man übernachtet in alten Alphütten, die zur Wanderherberge umgebaut wurden. Allerdings muss man sich selbst versorgen und auch Schlafsack und Matte mitschleppen. Auf der zweiten Etappe locken herrliche Badepools. Alpe della Colma – Bivacco Alpe Gabbio, 1.45 Std. – Bivacco In la Piana, 1 Std. – Bivacco Alpe Scaredi, 3 Std. – Fondo li Gabbi, 1.15 Std. – Malesco Bahnhof 2 Std. Von Fondo li Gabbi fährt auch ein Prontobus 2x tgl.: 10.20 und 17.20 Uhr, Reservierung bis 12 Uhr am Vortag, Tel. +39 0324/93565.

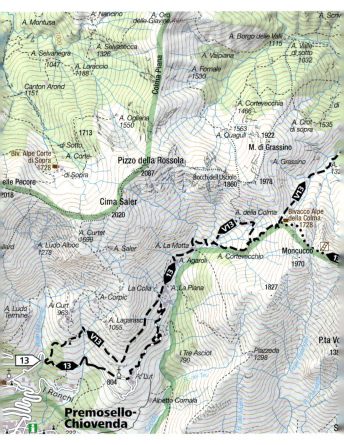

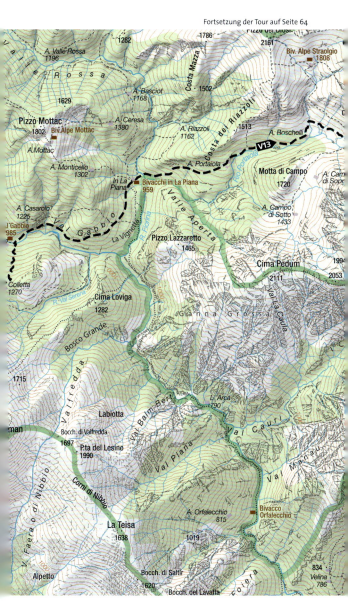

Lago Maggiore | 13. Pizzo Proman

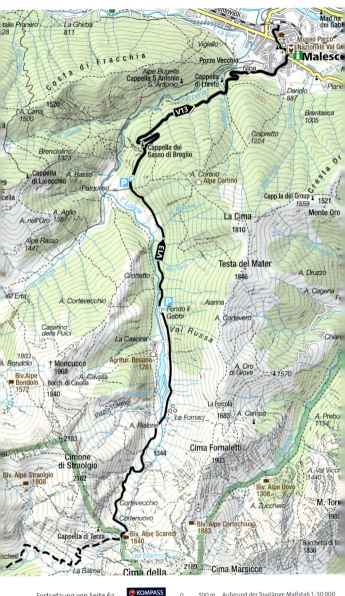

Rustikale Wanderunterkunft: Das Bivacco Alpe della Colma.

mündet dann wieder in die Hauptroute ein. Von der **Alpe La Piana** kann der Straßenabstieg umgangen werden, indem man kurz vor der Alpsiedlung den rechts abzweigenden Weg Richtung Alpe Curt wählt. Diese Route ist etwas länger. Sie trifft kurz vor der Brücke, wo man geparkt hat, auf die Straße.

🛈 KOMPASS INFO

Der Pizzo Proman gehörte mit zur **Linea Cadorna**, eine Verteidigungslinie, die General Cadorna zu Beginn des Ersten Weltkriegs bauen ließ (siehe auch Tour 11). Italien hatte sich für kurze Zeit neutral erklärt, verbündete sich dann aber 1915 mit den Alliierten gegen Deutschland und Österreich-Ungarn, mit denen das Land zuvor eine Allianz unterhalten hatte. Die Sorge um einen möglichen Einmarsch feindlicher Truppen über den Grenzkamm war so groß, dass man bis 1918 ein gigantisches Festungssystem längs der Schweizer Grenze errichtete: 72 Kilometer Schützengräben, 88 Artilleriestellungen, davon 11 unterirdisch, 296 Kilometer Fahrstraßen, 398 Fuß- und Maultierpfade und jede Menge Truppenunterkünfte, Materialdepots, Lazarette. So findet man nicht nur einen ausgebauten Weg von der Alpe della Colma durch die Felsklippen zum Pizzo Proman, sondern auf dem Gipfel auch Schützengräben und Ruinen eines Beobachtungspostens. Später, während der „Resistenza", dem Kampf gegen die Nazis und Faschisten, war hier ein Versteck der Partisanen. In der Alpsiedlung La Piana passiert man ein Denkmal für die im Val Grande gefallenen Widerstandskämpfer.

14. Mottarone – Monte Zuchero
Rosafarbene Granitfelsen

Ausgangspunkt: Bergstation der von Stresa heraufkommenden Seilbahn, 1.385 m. Zufahrt auch mit dem Auto möglich, von Stresa 20 km. Der mautpflichtige Abschnitt (6 Euro) durch den Privatpark der Adelsfamilie Borromeo kann auch umfahren werden, indem man nicht in Alpino abbiegt, sondern über Gignese weiterfährt. | **Charakter:** Panoramareiche Höhenwanderung mit kurzen Auf und Abs. Überwiegend Wiesenpfade. **Einkehr:** Gaststätten im Gipfelbereich; das Rifugio Alpe Nuovo ist nur sporadisch bewirtschaftet | **Karte:** KOMPASS Nr. 90

GPS-Koordinaten/Ausgangspunkt: UTM = x: 457.920 m Zone 32 = y: 5.081.170 m

 Leicht   6,5 km   366 hm / 366 hm   2:15 Std.

Von der Bergstation der Seilbahn folgen wir dem Sträßchen am Hotel Eden vorbei bergwärts in den Sattel, wo die Straße nach links knickt und sich rechts ein Waldparkplatz befindet. Hier folgen wir dem Wegweiser Richtung Monte Zuchero geradeaus runter und rechtshaltend die Pistenschneise abwärts. Man geht einen Linksbogen noch und biegt dann rechts. Der Wanderweg zieht über aussichtsreiche Wiesen hinunter zu einem der für diese Gegend typischen Felstürme aus rosa Granit. Westlich unter diesem hindurch sieht man linker Hand schon das **Rifugio Alpe Nuovo**, zu dem der Pfad dann nach links durch einen Graben quert. Die Alpenclubhütte steht jedermann/ frau offen, wenn gerade Mitglieder der Sektion Baveno da sind. Sie bewirten dann auch. Gut und günstig lässt sich hier übernachten, allerdings nur für Selbstversorger (Schlüssel muss in Baveno abgeholt und wieder zurückgebracht werden, Franco Ottinetti Tel. +39/348/2251796). Am Rifugio Alpe Nuovo vorbei geht es rechts des

⊛ KOMPASS HIGHLIGHT

Im Vorort Alpino nahe der Mittelstation der Seilbahn befindet sich der seit 1934 bestehende Alpengarten „**Giardino Botanico Alpinia**", der neben Alpenpflanzen auch Raritäten aus Japan, China und dem Kaukasus zeigt. Die Anlage wartet auch mit schönen Seeblicken auf. April bis Okt. täglich geöffnet von 9:30 bis 18 Uhr, www.giardinoalpinia.it

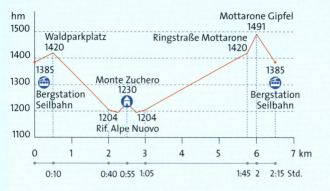

Bergkammes entlang in einen Sattel und steil auf den Gipfel des **Monte Zuchero**. Herrlich der Kontrast des rosafarbenen Gesteins zum Blau des Sees. Auf gleichem Weg bis zur Hütte zurück. Hinter dem Haus dann aber nicht links, sondern rechts zwischen den Ruinen den Bergrücken hinauf. Durch lichten Birkenwald und an bizarren Felsformationen vorbei erreicht man die dem Mottarone westlich vorgelagerte weite Wiesenschulter. Eine Fahrpiste führt durch das Skigelände südöstlich zur Ringstraße. Man überquert sie und steigt in der Direttissima zum höchsten Punkt des **Mottarone** auf. Panoramatafeln geben über die Gipfelnamen Aufschluss. Ein Sträßchen leitet uns wieder zur Ringstraße hinunter. Vorab kann man rechts auf den Wanderweg abbiegen, der an der Kirche Madonna della Neve vorbei zur Bergstation der Seilbahn führt.

Am Gipfelkreuz des Monte Zuchero.

Lago Maggiore | 14. Mottarone – Monte Zuchero

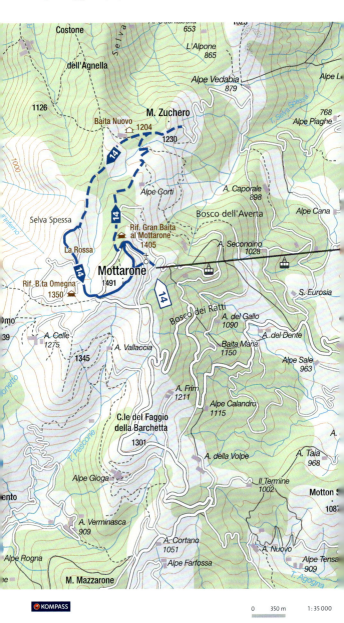

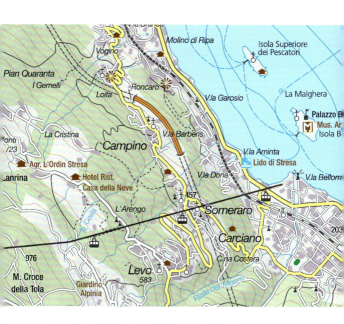

ℹ KOMPASS INFO

Der **Mottarone** war schon während der Belle Époque ein begehrter Aussichtsgipfel. Mit 1491 Metern ist er die höchste Erhebung der südlichen Seehälfte. Von 1911 bis 1963 wand sich eine nostalgische Zahnradbahn von Stresa zum Gipfel. Herrschaftliche Hotels entstanden. Das 1884 erbaute Grand Hotel brannte 1943 ab. Das 1921 eröffnete Hotel Eden ist seither das älteste der insgesamt vier Gipfelherbergen. Noch immer wird es von der Familie Bertoletti in alter Tradition geführt. Eine Familie, der das Hotelgewerbe quasi im Blut liegt, wie aus der Chronik hervorgeht. Da sieht man beispielsweise den Urgroßvater von Fabrizio Bertoletti als Butler bei Churchill. Zu Mussolinizeiten gab es auf dem Mottarone eine Skischanze. Die einzige Italiens, erzählt Wirt Fabrizio stolz. Im Jahre 1934 fand hier der erste Riesenslalom statt. Mittlerweile ist der Gipfel arg verbaut mit Sendestation, Erlebnispark, Skiliften und einer Seilbahn. Nichtsdestotrotz ist der 360°-Blick überwältigend. Man sieht sieben Seen (Maggiore, Orta, Varese, Monate, Mergozzo, Biandronno, Comabbio), den Monte Rosa, den Monte Leone ... und bei einer Wanderung zum Monte Zuchero gewinnt auch die Natur wieder die Oberhand. Immer wieder ragen eigentümliche Felsformationen aus rosa Granit aus der Landschaft. Das begehrte Gestein wird um Baveno bereits seit Anfang des 19. Jahrhunderts gebrochen, aus ihm entstanden zahlreiche berühmte Bauwerke wie die Basilika San Paolo in Rom und die Galerie Vittorio Emanuele in Mailand.

15. Monte Covreto

Der einsame Nachbar des Monte Gambarogno

Ausgangspunkt: Passo di Forcora, 1179 m. Zufahrt von Maccagno am italienischen Ufer des Lago Maggiore oder vom Seedorf Vira auf Schweizer Seite über den Passo di Neggia und Indemini.
Charakter: Im ersten Part flache Waldwanderung auf breitem Forstweg, dann steiler Gipfelzustieg, im obersten Part über offene Grashänge mit einmaligem Seeblick, schließlich über einen Kammweg zurück | **Einkehr:** Restaurant am Passo di Forcora sowie nebenan im Rifugio Forcora | **Karte:** KOMPASS Nr. 90

GPS-Koordinaten/Ausgangspunkt: UTM = x: 484.890 m   Zone 32 = y: 5.108.870 m

 Mittel   8 km   414 hm / 414 hm   3 Std.

Vom Parkplatz neben der Kapelle Chiesetta Madonna delle Neve gen Norden schlagen wir gleich nach den zwei Fahrverbotsschildern rechts in das Fahrsträßchen bergwärts ein, das nach wenigen Metern flach der Höhenlinie folgt. Vorbei an Ferienhäusern, dann durch Wald wandern wir gemütlich bis knapp vor die **Alpe Nove Fontane**. Noch vor den Alphütten markiert ein Schild den Zustieg zum Rifugio Alpetto. In diesen schlagen wir rechts ein, steigen steil durch Farngestrüpp auf, bis ein ausgetretener querlaufender Weg verwirrt. Wir halten uns jedoch weiter in der gleichen Richtung bergwärts, wer hinaufschaut, kann sich an dem Wegschild orientieren. Wir erreichen dann den Waldrand. Wer hier in aller Herrgottsfrühe unterwegs

⭐ KOMPASS HIGHLIGHT

Einen Abstecher lohnt das **Rifugio Alpetto di Caviano**. Eine Oase der Ruhe mit Traumblick auf den See und hinüber zu Monte Rosa und den Walliser Viertausendern. Ganz authentisch kann hier in einer umfunktionierten Alphütte übernachtet werden. Die Selbstversorgerunterkunft lässt keine Wünsche offen: eine komplett eingerichtete Küche mit Gasherd und Kamin, Getränke, ein gemütliches Matratzenlager für 10 Personen, Dusche, Toilette und vor der Haustür ein Brunnen nebst einem kleinen Kräutergarten. Nur die Nahrungsmittel müssen selbst mitgebracht werden. Für die Getränke- und Übernachtungskosten steht eine Kasse bereit.

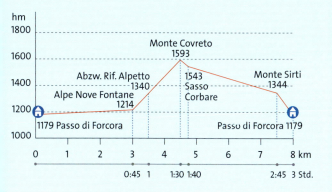

ist, trifft nicht selten auf Wildschweine. An einer Weggabelung, links würde es in einer Viertelstunde zum Rifugio Alpetto gehen, wenden wir uns nach rechts und steigen den zunehmend steiler werdenden Grashang auf zum mit einem Kreuz gekrönten Gipfel des **Monte Covreto**. Ein traumhafter Rundblick wird geboten zum See und den schneeglitzernden Viertausendern, im Osten zu Monte Tamaro und Monte Lema. Wer diese Schau noch länger genießen möchte, folgt noch etwas der Gratschneide zum **Monte Paglione**, 1554 m (zusätzlich 30 Min.). Besonders schön ist diese Kammwanderung wenn die Alpenrosenhänge in rosa Blüte stehen (Juni). Vom Monte Covreto sieht man schon östlich unterhalb den Rück-

Indemini, Grenzdorf mit Charme.

Lago Maggiore | 15. Monte Covreto

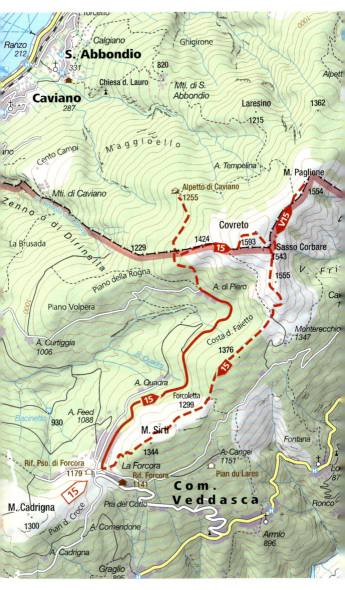

🛈 KOMPASS INFO

Interessant ist eine Fahrt ins ehemalige Schmugglernest **Indemini**, eine Schweizer Enklave im ansonsten italienischen Veddasca-Tal. Erst 1917 wurde eine Straße von Vira heraufgebaut und diejenige von italienischer Seite gar erst 1968. Die Landflucht hat hier arg zugeschlagen. Von rund 400 Einwohnern Mitte des 19. Jahrhunderts zählt das Dorf heute nur noch etwa 30 Seelen, zumeist Deutschschweizer. Der Ort ist hübsch herausgeputzt, archaische Steinhäuser mit Holzveranden, die sich ineinander verkeilen. Es gibt zwei Restaurants und einen Laden, der regionale Spezialitäten verkauft, außerdem ein Museum, in dem auf alten Fotos die Vergangenheit wieder auflebt.

weg. Wir halten uns also links zum Rücken des **Sasso Corbaro** hinunter und folgen dem Kamm nach Süden. An einer Weggabelung lassen wir den Abstiegsweg ins Bergdorf Monterecchio links liegen. Die Markierung 3V Richtung Forcora weist uns den Rückweg über den **Monte Sirti** zurück zum Ausgangspunkt.

Alpenrosenrausch am Monte Covreto.

16. Höhenweg über der Riviera del Gambarogno

Von Maiensäß zu Maiensäß

Ausgangspunkt: San Nazzaro, 198 m, am Lago Maggiore-Ostufer, Schiffsanlegestelle | **Charakter:** Beschauliche Höhenwanderung durch Wald mit Wasserfällen und schönen Seeblicken, relativ steiler Zu- und Abstieg. Nur im Anfangs- und Schlussbereich Teer, sonst überwiegend Naturwege, teils schmale Pfade. | **Einkehr:** Gaststätten in San Nazzaro und Vairano, Sass da Grüm, Caviano | **Karte:** KOMPASS Nr. 90

GPS-Koordinaten/Ausgangspunkt: UTM = x: 484.890 m Zone 32 = y: 5.108.870 m

 Leicht 14 km  722 hm / 708 hm 5:30 Std.

Die schönste Anreise erfolgt mit dem Schiff, zum Beispiel von Locarno aus. Von der Anlegestelle folgt man der Wanderbeschilderung zur Kirche von **San Nazzaro** und steigt über Treppen und durch Gassen nach **Vairano** hinauf. Weiter geht es den Wegweisern von Sass da Grüm nach auf einem Teersträßchen in den Wald bis zur Materialseilbahn und einem kleinen Parkplatz. Wer im Hotel Sass da Grüm übernachtet, kann hier seinen Rucksack in die Bahn legen, der dann hinaufbefördert wird. Nun auf weichem Waldboden steigen wir steil zur Wieseninsel **Sass da Grüm** mit dem abgeschiedenen Hotel auf, wo sich Kraft schöpfen und ein fantastischer Blick auf den See genießen lässt. Nochmals muss ein Steilaufstieg bis zu den **Monti di Vairano** überwunden werden, dann nach rechts schlängelt sich unsere Route auf angenehmste Weise der Höhenlinie entlang. Stille, kaum eine Wanderseele unterwegs, tief zu Füßen die Riviera del Gambarogno mit

ℹ KOMPASS INFO

Blumenzauber

„Die Blütenpracht ist jedes Jahr aufs Neue ein wunderschönes Spektakel" schwärmt Gärtner Otto Eisenhut, der auf einer Terrasse zwischen Vairano und Piazzogna ein Meer an Blühpflanzen (Kamelien, Magnolien, Azaleen, Pfingstrosen, Rhododendren, etc.) gezogen hat. Seit 2000 wird sein Park als Stiftung „Parco Botanico del Gambarogno" geführt und ist ganzjährig geöffnet (tgl. 7–22 Uhr). Sehenswert besonders im Frühling (März bis Mai).

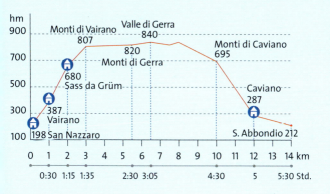

ihren hübschen Uferdörfern. So ganz im Kontrast steht diese Seite zum gegenüberliegenden Ballungsgebiet und der touristischen Hochburg Locarno – Ascona.

Wir halten uns Richtung Monti di Gerra. Monti werden im Tessin Maiensäße d. h. Alpsiedlungen genannt, doch abgesehen von den Monti di Caviano wird keine Alp-

Immer wieder öffnet sich der Wald, wie hier im Valle di Niv.

Lago Maggiore | 16. Höhenweg über der Riviera del Gambarogno

⭐ KOMPASS HIGHLIGHT

Kraftort Sass da Grüm
Einige „mysteriöse Heilungen" durfte die Familie Mettler auf der Sass da Grüm erleben, die sie 1980 als Feriendomizil gekauft hatte. Neugierig geworden, wurden Experten zur Untersuchung beauftragt, die eine ungewöhnlich hohe positive Erdstrahlung herausfanden. Über 40.000 Bovis-Einheiten, d. h. ein Sechsfaches der Durchschnittswerte. Um diesen besonderen Kraftort auch für andere zugänglich zu machen, eröffneten die Mettlers 1993 auf der Alpterrasse ein kleines, nur zu Fuß erreichbares Hotel.

wirtschaft mehr betrieben und die meisten Häuser sind zum Rustico (Ferienhaus) umfunktioniert.

Das Teersträßchen endet an den Ferienhäusern von Corte della Costa und ein schmaler Waldpfad führt in den tiefen Einschnitt des Valle di Cedullo. Bald nach dem Brücklein mit Wasserfall ist die Wiesenterrasse **Monti di Gerra** erreicht. Vorbei an niedlichen Rustici wieder in den Wald werden im Auf und Ab mehrere Bachrunsen des **Valle di Gerra** gequert. Etwas oberhalb der Monti di San Abbondio wendet man sich am Wegweiser (2:40 Std.) links bergwärts. Man könnte hier auch abbrechen und schon zum See absteigen, würde aber das sehenswerte Strohhaus von Monti di Caviano verpassen. Also nochmals ein paar Höhenmeter hinauf, dann traversiert der Pfad durch eine Felssturzzone, die freien Seeblick ermöglicht. Nach dem Einschnitt des Valle di Niv taucht die ausge-

Das letzte Strohhaus des Tessins steht in Monti di Caviano.

Die Riviera del Gambarogno.

dehnte Lichtung der **Monti di Caviano** (auch Cento Campi genannt, 100 Äcker) auf. Durch die gestuften Wiesenterrassen steigen wir zur Alpsiedlung ab, wo gleich nach dem Brunnen links der letzte strohgedeckte Stall des Tessins bewundert werden kann. Im offenen Gebäude laden Tisch und Bänke zum rustikalen Picknick ein. Sehr schön die Seeblicke. Eine teilweise gepflasterte Mulattiera (Saumweg) führt steil durch Wald nach **Caviano** hinunter. Verwinkelte Gassen, Palmen und üppige Gärten. Wer zur Schiffsanlegestelle möchte, steigt weiter zum See ab, wer zum Bahnhof möchte, der nimmt besser den kurzen Gegenanstieg nach **San Abbondio** in Kauf, als am See der vielbefahrenen Kantonsstraße zu folgen. Der Weg ist still und beschaulich. In San Abbondio geht es dann den Sentiero Prestino hinunter bis zur einer Querstraße, der nach rechts bis zu einem roten Haus gefolgt wird. Dort zeigt ein Wegweiser den direkten Weg zum Bahnhof von Ranzo – S. Abbondio an.

Lago Maggiore | 16. Höhenweg über der Riviera del Gambarogno

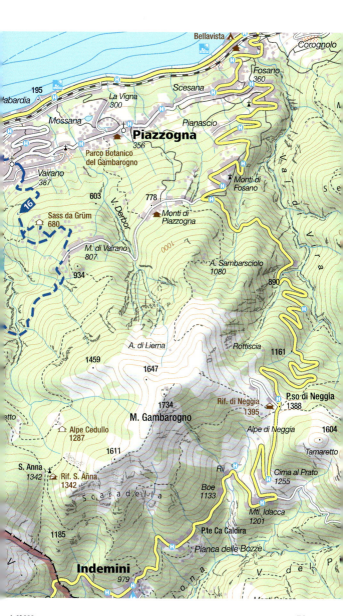

17. San Nazzaro – Monte Tamaro
3-Tages-Tour vom See zu Panoramalogen

Ausgangspunkt: San Nazzaro, 198 m, am Lago Maggiore-Ostufer, Schiffsanlegestelle | **Endpunkt:** Rivera, 470 m, Talstation der Gondelbahn zum Monte Tamaro (Betriebszeit 8.30 – 17 Uhr). Zugverbindung mit Bellinzona und Lugano. | **Charakter:** Gut markierte Pfade, einige Steilabschnitte, minimal Teer
Einkehr: Gaststätten in San Nazzaro und Vairano, Sass da Grüm, Alpe Cedullo, Alpe di Neggia, Capanna Tamaro, Alpe Foppa
Karte: KOMPASS Nr. 90

GPS-Koordinaten/Ausgangspunkt: UTM = x: 484.890 m   Zone 32 = y: 5.108.870 m

 Mittel   28 km   2587 hm / 1257 hm   13 Std.

Als erste Übernachtung bietet sich **Sass da Grüm** an. So kann man auch eine längere Anreise noch gut unterbringen und man läuft sich langsam ein. Wir folgen der Beschreibung von Tour 16 bis **Monti di Caviano** und steigen dann östlich steil auf zum Rifugio Alpetto, eine traumhaft gelegene Selbstversorgerhütte. Wer sich nicht selbst verpflegen möchte, hat auch die Möglichkeit bis zur bewirtschafteten Alpe Cedullo weiterzuwandern (1:45 Std. zusätzlich) und dort zu übernachten. Vom Rifugio Alpetto führt südlich ein Pfad hinauf zum Waldrand und dann bei freier Sicht über die Gebirgslandschaft durch die grasige Westflanke zum Gipfel des **Monte Covreto**. Dort dem Grat entlang mit feinen Seeblicken hinunter zum **Monte Paglione**. Ein kleiner Abstecher führt links zur Panoramatafel, ansonsten geht es in kurzem Steilabstieg durch Wald zur Lichtung mit der Kapelle Sant'Anna, wo auch eine Selbstversorgerunterkunft eingerichtet ist. Wenige Meter nordwestlich an den Waldrand, dann gleich rechts in den Pfad nördlich zur **Alpe Cedullo**. Dort kann zu Mittag gegessen, übernachtet und Käse eingekauft werden. Der Weg zieht oberhalb der Alpgebäude vorbei wieder in den Wald und östlich steil bergwärts, später aussichtsreich durch

⭐ KOMPASS HIGHLIGHT

Berühmt ist die Alpe Foppa wegen ihres besonderen Gotteshauses, der **Kapelle Santa Maria degli Angeli**, die 1994 vom Tessiner Stararchitekten Mario Botta entworfen wurde.

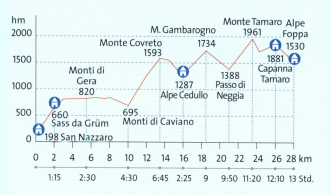

Alprosenhänge. Unterhalb einer Militärbaracke zweigt rechts der Abstecher zum Gipfel des **Monte Gambarogno** ab. Der Monte Tamaro im Südosten wirkt nun schon ganz nah. Wir kehren wieder zurück zum Hauptweg unterhalb des Militärgebäudes und queren rechts zum Nordkamm. Nach einem Stück auf dem Kamm hält man sich an einer Weggabelung rechts hinunter zum **Passo di Neg-**

Die Alpe Cedullo bietet authentische Küche.

Lago Maggiore | 17. San Nazzaro – Monte Tamaro

Lago Maggiore | 17. San Nazzaro – Monte Tamaro

Tiefblicke vom Rifugio Alpetto auf das Dorf Pino.

gia, mit Parkplatz und Gasthaus. Der Markierung nach steigen wir südöstlich auf den Nordwestkamm des Monte Tamaro. Am Tamaretto, einem Vorgipfel passieren wir zwei Militärgebäude. Der Weg zieht nordseitig des Kammes weiter bergwärts, schließlich zweigt nach rechts der steile Gipfelzustieg ab. Am **Monte Tamaro** kommen neue Perspektiven hinzu, öffnet sich der Blick auch zum Luganer See, liegt nun auch das Sotto Ceneri, wie der südliche Teil des Tessins genannt wird, zu Füßen. Vom Gipfel haben wir die Möglichkeit entweder steil östlich in die Scharte zwischen Tamaro und Motto Rotondo abzusteigen oder knieschonender dem Kamm nach Süden bis zur Bassa di Indemini, dort links Richtung **Capanna Tamaro** und flacher zur Scharte. Nach einem kurzen Gegenanstieg passieren wir die Capanna Tamaro, schließlich eine Sendeanlage und erreichen entweder über eine Fahrpiste oder den die Serpentinen abkürzenden Wanderweg die Bergstation der Gondelbahn auf der **Alpe Foppa**. Wer die letzte Talfahrt um 17 Uhr verpasst, muss noch einen 2-stündigen Abstieg bis Rivera auf sich nehmen.

Service und praktische Hinweise

Ziegenalp Alpe Nimi (Tour 4).

Um weitere Informationen über die Region zu erhalten, empfiehlt es sich auf den Websites der hier vorgestellten Tourist-Informationen und Verbände schon im Vorfeld zu schmökern. Hier geben wir Ihnen einen Überblick über die wichtigsten Anlaufstellen.

Ticino Turismo
www.ticino.ch

Schweiz Tourismus
www.myswitzerland.com

Lago Maggiore
www.derlagomaggiore.de

Höhenweg Maggiatal
www.vialtavallemaggia.ch

Wanderinformation
www.alpi-ticinesi.ch

Hütten
www.capanneti.ch

Hüttenwandern
www.wandersite.ch

Webcams
www.webticino.ch/cams.htm

Schwierigkeitsbewertung

Blau
Gut eingerichtete Wege, die auch von Einsteigern problemlos begehbar sind. Mit steilen Abschnitten muss allerdings gerechnet werden.

Rot
Wege, die auch mal zu schmalen Pfaden werden können und die durch anspruchsvolleres Gelände führen, das heißt steinig, hie und da auch etwas exponierter, wo Trittsicherheit Voraussetzung ist.

Schwarz
Bergtouren, die in hochalpines Gelände führen. Meist schmale Pfade, mitunter aber auch weglos. Die Markierung ist dann nicht immer so gut ersichtlich, weshalb Nebel, schlechtes Wetter gemieden werden sollte. Ausgesetzte Passagen erfordern neben bester Trittsicherheit auch Schwindelfreiheit. Des Weiteren wird gute Kondition benötigt.

Orte und Sehenswürdigkeiten

Locarno
am westseitigen Nordzipfel östlich des Maggia-Deltas ist die tiefstgelegene, wärmste und sonnigste Stadt der Schweiz. An einem wichtigen Alpentransit (Gotthard) gelegen, entwickelte sie sich schon früh zum bedeutenden Marktflecken. Die Kelten nannten den Ort Leukara, die „Weiße", was wahrscheinlich auf den reißenden Fluss Maggia zu beziehen ist und deren Schwemmdelta sich Locarno zu Nutzen macht. Leukarni, die Einwohner, sind heute die Locarnesi.
Lago Maggiore Tourist Office, Largo Zorzi 1 (im Gebäude des Casinos zwischen Piazza Grande und See), Largo Zorzi 1, CH-6600 Locarno, Tel. +41 (0)91/7910091, www.ascona-locarno.com

Ascona
Auch wenn sich Ascona zu einem teuren Jetset-Pflaster entwickelt hat, der Borgo, der historische Kern hat sein romantisches Flair beibehalten und nirgends sitzt oder flaniert man schöner als an der Platanen gesäumten Seepromenade. Ein Spaziergang zum Monte Verità ist fast schon ein Muss (Tour 7).

Brissago-Inseln
Schönster Bootsausflug von Ronco, Brissago oder Ascona sind die Isole di Brissago. Nur die größere der zwei Inselchen ist zugänglich. Dort legte die russische Baronin Antonietta di Saint-Léger nach dem Kauf der Inseln 1885 den Grundstein zu einem bezaubernden Botanischen Garten, der einen Bummel durch alle Kontinente bietet. Im Jahre 1897 verließ der irische Ehemann seine exzentrische Frau, deren ausschweifendes Leben schließlich zu ihrer Verarmung führte. Max Emden, ein Hamburger Kaufmann, erwarb die Insel 1927, ersetzte das Schloss der

Relaxen in der Loggia der Casa Mosca.

Ascona, einst ein Fischerdorf, heute Touristenmetropole.

St. Légers durch einen neoklassizistischen Palazzo, in dem sich heute das Restaurant befindet, und baute den Park weiter aus. Seit 1949 sind die Inseln Eigentum des Kantons.

Ponte Brolla
Bevor die Maggia ins Delta fließt, zeigt sie sich besonders attraktiv. Ein Schlund zwischen glattgeschliffenen, meterhohen Granitfelsen. Wagemutige Schwimmer springen hier gerne in die Fluten, was sich gut von der Straße oder der Fußgängerbrücke hinter Ponte Brolla Richtung Maggia beobachten lässt. Wer's gemütlicher mag, richtet sich auf den Kiesbänken der diversen Badepools ein. Lässt sich gut mit Tour 5 verbinden.

Verbania
breitet sich über die Halbinsel Castagnola aus. Der 1939 erfolgte Zusammenschluss zahlreicher Gemeinden wie Intra, Pallanza, Suna, Fondotoce macht sie zur größten Stadt am Lago Maggiore. Trotz der industriellen Prägung finden sich schöne Altstadtkerne. Von Intra verkehrt die einzige Autofähre ans Ostufer nach Laveno. Besonders ansprechend gibt sich Pallanza mit seiner ruhigen Villengegend und traumhaften Gärten. Am berühmtesten ist der Park der Villa Taranto (www.villataranto.it), der im Frühling eine umwerfende Farb- und Duftorgie bietet. Weniger bekannt, doch genauso lohnend ist der angrenzende Park der Villa San Remigio (www.villasanremigio.it).
Verbania Turismo (an der Schiffsanlegestelle von Pallanza), Corso Zanitello 6, I-28922 Verbania, Tel. +39 0323/503249, www.verbania-turismo.it

Stresa
ist ein Nobelkurort voller pompöser Grand Hotels am Borromäischen Golf, wie sich die westliche Einbuchtung des Lago Maggiore zwischen Verbania und Stresa

nennt. Er liegt an der Simplon-Eisenbahnlinie (Brig – Domodossola – Milano). Highlight sind neben der viktorianischen Architektur drei vorgelagerte Inseln: die Isola Bella, die Isola Madre und die Isola dei Pescatori. Aussichtssüchtige begeben sich auf den mit Seilbahn erreichbaren Hausberg Mottarone (Tour 14).

Ufficio Turistico (im Gebäude der Fährnlegestelle), Piazza Marconi 16, I-28838 Stresa, Tel. +39 0323/ 31308, www.stresaturismo.it

Arona

strahlt viel italienisches Flair aus, vielleicht weil es von Touristen nicht ganz so in Beschlag genommen wird. Neben der breiten Promenade am Lungolago ist die

⭐ KOMPASS HIGHLIGHT

In **Mergozzo** scheint die Welt noch in Ordnung, hat der Tourismus noch nicht alles überrollt. Das Postkartendorf liegt an einem kleinen Ableger des Lago Maggiore, auf dem Motorboote verboten sind. Der kleine Lago di Mergozzo im Naturschutzgebiet Fondotoce gilt als einer der saubersten Badeseen Italiens. Ein Dorfbummel und eine kleine Wanderung auf dem Sentiero Azzuro kann nur wärmstens empfohlen werden. Am Mont'Orfano, der das See vom Toce trennt, wurde Jahrhunderte lang weißer Granit gebrochen. Der Sentiero Azzuro ist der alte Weg der Steinmetze und führt steingepflastert über dem idyllischen Westufer entlang in einer dreiviertel Stunde zum Dörfchen Montorfano, wo sich die Kirche San Giovanni Battista (11. Jh.), einer der besterhaltenen romanischen Sakralbauten bewundern lässt.

parallel durch die Altstadt verlaufende verkehrsfreie Hauptgasse beliebte Einkaufsmeile. Besonders von der Piazza del Popolo genießt man einen schönen Blick auf die gegenüberliegende Burg von Angera. Die zwei Städtchen liegen nur fünf Minuten entfernt. Eine Fähre verkehrt quasi im Stundentakt. Im Gegensatz zu Angera sind von der Rocca di Arona, die einst mit ihrem Pendant am Ostufer der Südenge des Lago Maggiores kontrollierte, nur Ruinen geblieben. Napoleon zerstörte die Burg. Im 15. Jahrhundert war sie von den Visconti an die Borromäer übergegangen. Im 16. Jahrhundert wurde Carlo Borromeo in der Festung geboren. Dem später Heiliggesprochenen zum Gedenken wollte sein erzbischöflicher Vetter und Nachfolger Federico Borromeo einen ganzen Sacro Monte oberhalb der Stadt errichten. Die Kriegswirren ließen nur den Bau von drei Kapellen zu. Dazu gesellt sich San Carlo aus Kupfer, der segnend die rechte Hand hebt und in seiner linken die Schlussakte des Trienter Konzils hält. Mit ihren 35 Meter Gesamthöhe erreicht die Statue die Dimension eines 10-stöckigen Hochhauses. Eine Stiege erlaubt im Inneren bis in den Kopf zu klettern, wo sich aus den Augen ein Seeblick der besonderen Art ergibt. Vor dem Bau der New Yorker Freiheitsstatue galt „San Carlone" als größte begehbare Figur der Welt. Sie befindet sich 2 km nordwestlich von Arona und ist geöffnet von Ende März bis Anfang Okt., tgl. 9–12:30, 14–18:30 Uhr, sonst nur an den Wochenenden, Jan./Febr. geschl.

Ufficio Turistica (I.A.T.), Piazzale Duca D'Aosta, I-28041 Arona, Tel. +39 0322/243601

Cannobio.

Sesto Calende

wird meist durchfahren. In der Agglomeration des Industriestädtchens am Südzipfel des Sees verbirgt sich aber eine hübsche Altstadt mit ansprechender Promenade am Flussufer des Ticino, der hier das Piemont von der Lombardei trennt. Die Pforte zum Parco Naturale del Ticino, der die vogelreiche Auenlandschaft längs des Flusses über 80 km bis zur Pomündung schützt. Von Sesto Calende werden auch Bootsfahrten durch Europas größten Flusspark angeboten.
*Ufficio Turistico (I.A.T.), Viale Italia 3, I-21018 Sesto Calende,
Tel. +39 0331/923329,
www.prosestocalende.it*

Angera

liegt vis-à-vis von Arona an der engsten Stelle des Lago, wo er nur zwei Kilometer Breite misst. Herrlich lässt sich hier in der parkähnlichen Uferzone spazieren, den Blick hinüber nach Arona oder zum über dem Städtchen thronenden Kastell genießen. Kunstinteressierte werfen einen Blick in die Chiesa Madonna della Riva, die für eine blutweinende Madonna erbaut, jedoch nie vollendet wurde. Das archäologische Museum im Palazzo Pretoria klärt über die Zeit auf, als Angera eine bedeutende römische Station war. Ein schöner Strand findet sich an der Uferallee Richtung Ranco.
*Ufficio Turistico (I.A.T.),
Via Marconi 2, I-21021 Angera,
Tel. +39 0331/931915*

Laveno

verfügt über den einzigen natürlichen Hafen des Ostufers, der während des Resorgimento, der Unabhängigkeitsbewegung im 19. Jahrhundert, große militärische Bedeutung hatte. Das nördliche Kap diente als militärischer Stützpunkt. Die Überreste der Festung sind heute in eine hübsche Parkanlage, den Parco di Forte Castello, integriert. Bis Mitte des 20. Jahrhunderts war Laveno für seine Keramik bekannt. Die Geschichte und

Altstadt von Cannobio.

warum die Herstellung eingestellt werden musste, erfährt man im Keramikmuseum von Cerro, dem südlich gelegenen Vorort, der im Übrigen eine sehr schöne Strandpromenade bietet. Bei klarer Sicht ist der Besuch des Hausbergs Sasso del Ferro, der Laveno steil überragt, ein Muss. Lustig sind die 2-Personen-Stehgondeln, die bequem hinaufbefördern.
I.A.T., Piazza Italia 2/A, I-21014 Laveno, Tel. +39 0332/668785.

Luino

ist die größte Stadt am Ostufer, dort wo der Fiume Tresa den Luganer See mit dem Lago Maggiore verbindet. Durch ihre Lage an der kürzesten Strecke zwischen den zwei Seen und der guten Anbindung mit Como und Mailand stritten sich im Mittelalter diverse Herrscher um die Stadt, so herrschten beispielsweise im 15. Jahrhundert die Rusca aus Como, im 16. Jahrhundert die Schweizer. Einen Bummel lohnt die am Hang liegende Altstadt mit prächtigen Bürgerhäusern und hübschen Innenhöfen. Kunstinteressierte finden in der Kirche San Pietro ein kostbares Fresko, das von Bernardino Luino, einem Schüler Leonardo da Vincis stammt. Berühmt ist der Mittwochsmarkt, der bereits seit 1541 durchgeführt wird und einen der größten Märkte Oberitaliens darstellt. Mit Verkehrschaos muss an diesem Tag gerechnet werden.
I.A.T. im Rathaus gegenüber der Fährstelle, Via Piero Chiara 1, I-21016 Luino, Tel. +39 0332/530019, www.vareselandoftourism.it.

Cannobio

ist zwar sehr touristisch, bietet aber eine unheimlich schöne Altstadt und Uferpromenade, wo sich herrlich der Tag verbummeln lässt. Die Stufen der Piazza führen direkt in den See. Daneben dümpeln Boote im kleinen Hafen. Nur vier Kilometer von der Schweiz entfernt, fühlt man sich so richtig in Italien. Neben dem Monte Giove (Tour 9) lohnt das Valle Cannobina einen Ausflug, beispielsweise zum Orrido di Sant'Anna, einer wildromantischen Klamm mit Badepools, Kirchlein und beliebtem Grotto.

Sacro Monte di Ghiffa

Oberhalb des Uferdorfes Ghiffa verbirgt sich im lichten Wald ei-

 KOMPASS INFO

Märkte am See
Mo: Baveno, Varese
Di: Ascona, Mergozzo, Arona, Laveno
Mi: Luino, Orta, Sesto Calende
Do: Locarno, Angera
Fr: Cannero, Pallanza, Stresa
Sa: Intra
So: Cannobio

⭐ KOMPASS HIGHLIGHT

Es gibt keine angenehmere Art sich einen Überblick der Gegend zu verschaffen, als mit dem **Lago Maggiore Express,** Kreuzfahrt und Bahnreise zugleich, dabei ungemein günstig (32 Euro ein Tag, 40 Euro zwei Tage, Kinder 16/20 Euro). Am idealsten wählt man natürlich einen sonnigen Tag mit guter Sicht und übernachtet unterwegs. Fahrkarten sind an allen Haltestellen der Rundreise erhältlich. Die könnte beispielsweise in Locarno (wo der Bahnhof ganz nah der Fährstelle liegt), Cannobio oder Intra beginnen. Mit dem Schiff fährt man bis Stresa oder Arona, steigt dann in den Zug nach Domodossola, wechselt in das Schmalspurbähnchen, das gemütlich über gewaltige Viadukte durchs von Schluchten zerfurchte Centovalli zuckelt, wo pittoreske Bergdörfer am Hang kleben. Je nach Startpunkt geht's in Locarno mit dem Boot weiter. Infos, Fahrpläne: www.lagomaggioreexpress.com

nes Naturschutzgebietes die barocke Anlage der Wallfahrtskirche Sanctissimae Trinitas. Bei Baubeginn 1647 waren ursprünglich 30 Kapellen geplant. Gereicht hat es für drei Gotteshäuser und einen 14-bogigen mit Kreuzwegmotiven reich bemalten Säulengang (19. Jh.). Hübsch sind die Blicke zum See. Auch ein Ausflugslokal ist vorhanden. Seit 2003 ist der Sacro Monte di Ghiffa mit acht weiteren „Heiligen Bergen" des Piemonts UNESCO-Weltkulturerbe.

Nationalpark Val Grande
Der Parco Nazionale Val Grande, der auf 12.000 Hektar das Gebiet zwischen dem Lago Maggiore, dem Valle Ossola und dem Valle Cannobina erfasst, stellt heute eine der unberührtesten Nischen der Alpen dar. Schroffe Gebirgszüge schotten die stark gegliederten Täler Val Grande und Val Pogallo von der Außenwelt ab. Trotz der schweren Zugänglichkeit blühten bis zum Zweiten Welt-

Die Piazza Grande in Locarno.

⭐ KOMPASS HIGHLIGHT

Aus der Tessiner Gastronomie nicht mehr wegzudenken und auch auf die italienische Seite haben sich ein paar verirrt. Das Grotto, die einst natürliche Vorratskammer in Felsunterschlüpfen oder im Erdreich, haben findige Bauern nach der Erfindung des Kühlschranks zu rustikalen Weinlokalen umfunktioniert. Die meisten Grotti sind keine Gruft mehr, sondern man sitzt unter lauschigen Pergolen an Steintischen, auf Holzbänken, und genießt lokale Spezialitäten.

krieg Alpwirtschaft und Holzhandel. Dann, im Widerstand gegen die Nazi-Besatzung und den Faschismus schien das unwegsame Gelände ein ideales Rückzugsgebiet für die Partisanen. Doch deutschen Alpenjägern und von Mussolini abgesandte Schwarzhemden gelang es, ihre Verstecke ausfindig zu machen. In dramatischen Kämpfen wurden 1944 über 500 Partisanen niedergemetzelt und viele der Alphütten zerstört. Nur noch wenige Bauern kehrten danach zurück. Im Jahre 1969 wurde Serena, die letzte Alp aufgegeben. Seither ist das Gebiet sich selbst überlassen, hat sich die Natur alles zurückgeholt. Schon 1967 wurde eine Fläche um das Felsmassiv des Pedum zum ersten Totalschutzgebiet der italienischen Alpen erklärt. Daraus hat sich dann der 1992 gegründete Nationalpark entwickelt. Die Touren 10 bis 13 finden im Nationalpark statt.

Fünf Besucherzentren und zwei Museen verteilen sich auf die Ortschaften am Rande des Nationalparks. In Intragna ist die Ausstellung „Animali della notte" (Nachttiere) zu besichtigen, in Rovegro „La foresta e l'uomo" (Wald und Mensch), in Cossogno das Wassermuseum „Acquamondo", in Premosello die Welt der Gesteine, in Buttogno Kunst und Kultur, in Malesco archäologische Funde und in Cicogna kann man sich im

Blick von der Rocca di Angera.

„Haus des Parks" zu den Naturlehrpfaden einen Überblick verschaffen. Öffnungszeiten unter www.parcovalgrande.it

Borromäische Inseln
Die weite Bucht an der Einmündung des Toce in den Lago Maggiore wird auch der Borromäische Golf genannt. Mittendrin liegen drei Inseln, die im 17. Jahrhundert von der Adelsfamilie Borromeo zu prachtvollen Palastinseln ausgebaut wurden. Die Isola Bella bezaubert mit einem fantasievollen Barockgarten, die Isola Madre mit botanischem Park voller Pfauen und Fasane, und auf der Isola Pescatori kann sogar übernachtet werden. Alle halbe Stunde pendeln Fährschiffe zwischen den Inseln und dem Festland. Die besten Ausgangspunkte sind Stresa, Baveno und Pallanza.
www.navigazionelaghi.it;
www.borromeoturismo.it

Rocca di Angera
Die mächtige Burg über Angera ist ein Erlebnis auch für solche, die sich nicht unbedingt für Geschichte interessieren. Ein Puppenmuseum zeigt die ehemalige Privatsammlung der Prinzessin Bona Borromeo, Spielzeug aus zwei Jahrhunderten. Prächtige Fresken erzählen die Geschichte der Anlage, die einst die Mailänder Visconti errichtet hatten und die 1449 in den Besitz der Borromeo ging. Ein abenteuerlicher Gang über steile Treppen führt auf die Torre Castellana, von wo man einen wunderbaren Blick über die zinnengekrönten Mauern zum See genießt. Ein mittelalterlicher Garten rundet den Besuch ab. Geöffnet Mitte März bis Ende Okt., tgl. 9 bis 17:30 Uhr. Beliebt zum Essen ist die gleich nebenan liegende Azienda Agricola La Rocca.

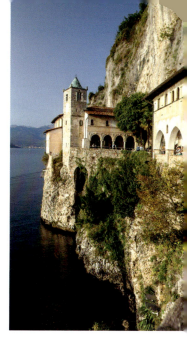

Santa Caterina del Sasso.

⭐ KOMPASS HIGHLIGHT

Vielleicht das fotogenste Motiv am Lago Maggiore ist die Einsiedelei **Santa Caterina del Sasso**, die mit den Uferfelsen zu verschmelzen scheint. In der Hochsaison ein vielbesuchtes Ziel an der lombardischen Ostküste nahe des Dorfes Reno, vis-à-vis von Stresa. Die Überlieferung berichtet vom Kaufmann Alberto Besozzi, der hier 1170 Schiffbruch erlitt, überlebte und das Kloster gestiftet haben soll, in dem er dann als Eremit lebte und wo seine Gebeine bis heute ruhen. Der Komplex wurde immer wieder erweitert und ab dem 14. Jahrhundert von Mönchen bewohnt. Wer schöne Seeblicke genießen möchte, benutzt die steilen Treppen und nicht den Lift.

Index

	Seite
Aiarlo	27
Allisio	36
Alpe Cardada	20
Alpe Cedullo	80
Alpe del Braco	59
Alpe della Colma	60, 61
Alpe di Foppiana	12
Alpe Foppa	85
Alpe Fornà	53
Alpe La Motta	60
Alpe La Piana	60, 65
Alpe Leciurt	59
Alpe Lut	60
Alpe Nimi	24
Alpe Nove Fontane	70
Alpe Pianoni	43
Alpe Prà	56
Alpe Resceresca	43
Alpe Rombiago	44
Alpe Stavelli	65
Angera	91
Archeggio	24
Arona	90
Ascona	36, 39, 88
Aurigeno	29
Balladrum	36
Bivacco Pian Vadà	52
Borromäische Inseln	95
Bosind	32
Brissago-Inseln	88
Brunescio	24
Cadalom	32
Calzo	36, 37
Cannobio	92
Capanna Tamaro	85
Cappella Fina	48
Cappella Porta	48
Cardada-Seilbahn	19
Caviano	77
Cicogna	56, 59
Cima Sasso	56, 59
Cimetta	20
Colloro	60
Corona dei Pinci	36
Cortaccio	40, 43
Corte di Sotto	32

	Seite
Giardino Botanico Alpinia	66
Gordevio	24, 29
Indemini	73
Intragna	32
Kapelle Valgrande Martire	48
Lago Maggiore Express	93
Laveno	91
Linea Cadorna	65
Locarno	16, 88
Lodano	28
Luino	92
Madonna del Sasso	19, 20, 23
Maggia	28, 31
Marcalone, Maiensäß	44
Mella	27
Mergozzo	90
Minusio	16
Moghegno	29
Monte Covreto	70, 71, 80
Monte Faierone	40
Monte Gambarogno	81
Monte Giove	40, 44
Monte Gridone	40, 41
Monte Limidario	41
Monte Paglione	71, 80
Monte Sirti	73
Monte Tamaro	80, 85
Monte Verità	36, 39
Monte Zeda	49, 52, 53
Monte Zuchero	66, 67
Monti della Gana	12
Monti di Caviano	77, 80
Monti di Gerra	76
Monti di Gola Secca	12
Monti di Lego	20, 23
Monti di Motti	12
Monti di Ronco	36
Monti di Vairano	74
Monti Marcalone	44
Mottarone	66, 67, 69
Nationalpark Val Grande	93

	Seite
Open-Air-Badewanne	24
Passo di Forcora	70
Passo di Neggia	81
Passo Folungo	52
Passo Percadugine	43
Pian Betulle	44
Pian Cavallone	48
Pian Vadà	55
Pizzo Marona	49, 55
Pizzo Pernice	48
Pizzo Proman	60, 61
Pogallo	56, 59
Ponte Brolla	89
Ponte Romano	32
Purano	39
Rasa	32, 33
Remagliasco	32
Rif. Al Legn	40, 43
Rif. Alpe Nuovo	66
Rif. Alpetto di Caviano	70
Rif. Pian Cavallone	48
Riviera del Gambarogno	74
Rocca di Angera	95
Ronco di Bosco	23
S. Agata	44, 45
S. Luca	44, 45
Sacro Monte di Ghiffa	92
San Abbondio	77
San Nazzaro	74, 80
Santa Caterina del Sasso	95
Sass da Grüm	74, 76, 80
Sassariente	12, 13
Sasso Corbaro	73
Sentiero Bove	55
Sesto Calende	91
Someo	28
Stresa	66, 89
Vairano	74
Val Resa	23
Valle di Gerra	76
Verbania	89
Via Alta della Valle Maggia	23
Via Alta Vallemaggia	27

Iris Kürschner

Was macht den Lago Maggiore für Sie so besonders?

„Wenn ich diese gesegnete Gegend am Südfuß der Alpen wiedersehe, dann ist mir immer zumute, als kehre ich aus einer Verbannung heim, als sei ich endlich auf der richtigen Seite der Berge", schreibt Hermann Hesse. „Hier scheint die Sonne inniger, und die Berge sind röter, hier wächst Kastanie und Wein, Mandel und Feige ...". Ein gesegneter Flecken Erde, der besonders im Frühjahr ganz im Kontrast steht zum tristen, kalten Norden. Wärme, der Frühling liegt prall in der Luft, die Winterjacke kann abgelegt werden. Nur ein paar Meter sind es vom Bahnhof an den See, in dem sich der Himmel stahlblau spiegelt. Palmenblätter flüstern im sanften Wind. Die Uferpromenade von Locarno sonnt sich in blumiger Farborgie. Die heitere Stimmung, die schon Hesse an den Lago Maggiore gezogen hatte, geht augenblicklich auf einen selbst über.

Vorwort

Vielleicht sich erst einmal warmwandern oben an der Cardada, dem Hausberg Locarnos, wohin eine Seilbahn bequem emporbefördert, dann mit der Fähre nach Ascona ... Die Anreise mit dem Schiff zu den diversen Wandertouren hat etwas ungemein Reizvolles. Die Suche nach einer kostengünstigen Unterkunft ist dort, wo im Sog der Künstler, Poeten und Literaten die Schönen und Reichen folgten, nicht so einfach. Direkt am See wäre natürlich ein Traum. In Moscia bei Ascona findet sich tatsächlich ein erschwingliches Kleinod. Das Gemäuer der Casa Moscia fällt direkt ins Wasser. Ein Gedicht, aufzuwachen, auf den Balkon zu treten und die tanzenden Wellen unter sich. Verträumt liegen die Brissago-Inseln vor der Nase, Sonnenstrahlen streifen über die Gebirgsklippen und lassen die Bergdörfer leuchten. In den Himmel ragen der Monte Gridone auf der Westseite, der Monte Covreto auf der Ostseite. Attraktive Gipfelziele. Am Lago Maggiore trifft sich ein faszinierendes Potpourri aus mediterraner und alpiner Welt. In beschaulicher Muße die Uferstraße genießen zu wollen ist längst Illusion, im vor allem an Wochenenden ungebrochenen Verkehr einen Haltestopp zu programmieren eine Kunst. Heute muss man um so mehr den richtigen Zeitpunkt und Ort kennen, damit man die Stimmungslage vom See ohne Einbußen erfährt. Doch nur einen Katzensprung abseits pure Einsamkeit, alte Verbindungswege zwischen den Dörfern und den Monti, den Maiensäßen, wo die Sennen mit dem Vieh den Sommer verbrachten und sich heute die Natur wieder alles zurückholt, weil die meisten in die Stadt oder zum Tourismusgeschäft abgewandert sind. Schon Hesse wusste: „Sobald man die Nähe der Hotels und die paar beliebtesten Ausflugsstraßen hinter sich lässt und in das steile, raue Bergland eindringt, dann ist man außerhalb Europas und außerhalb der Zeit ..."
                            Iris Kürschner

Wandern über dem „Insubrischen Meer"